昆明市第五届名师工作室

王学先 ◎ 著

凝研究智慧
聚协作成果

研究共同体理念下的教师专业成长

东北师范大学出版社

长 春

图书在版编目（CIP）数据

凝研究智慧　聚协作成果：研究共同体理念下的教师专业成长 / 王学先著. — 长春：东北师范大学出版社，2021.8

ISBN 978-7-5681-8283-6

Ⅰ.①凝… Ⅱ.①王… Ⅲ.①中学数学课—教学研究 Ⅳ.①G633.602

中国版本图书馆CIP数据核字（2021）第162468号

□责任编辑：石　斌　　　　　□封面设计：言之凿

□责任校对：刘彦妮　张小娅　□责任印制：许　冰

东北师范大学出版社出版发行

长春净月经济开发区金宝街118号（邮政编码：130117）

电话：0431-84568115

网址：http://www.nenup.com

北京言之凿文化发展有限公司设计部制版

北京政采印刷服务有限公司印装

北京市中关村科技园区通州园金桥科技产业基地环科中路17号（邮编：101102）

2021年8月第1版　2021年9月第1次印刷

幅面尺寸：170mm×240mm　印张：16　字数：255千

定价：45.00元

昆明市第五届王学先名师工作室成立于 2020 年 3 月。自成立以来，在昆明市教育体育局的指导下，在工作室主持人和全体学员的共同努力下，经过一年半的建设，工作室的知名度、美誉度都有显著提升。

一、管理文化

工作室注重管理文化，主持人率先引领示范，结合自身教学实践，精选了课题、教学设计案例、中考评价、课题研究中的教学实践，融入多年来的教学心得，并以课题研究、学术研讨、理论学习、名师论坛、现场指导、任务驱动等形式建设研究型队伍，促进工作室每位成员潜心研究，积极追寻教师职业发展道路，注重成果提炼，取得了明显的成效，让名师工作室肩负起"不断创新，建设学科，辐射一片，培养人才"的使命。

二、人才培养

名师工作室将"带队伍"和"育名师"有机统一，以名师工作室为载体，培养教育创新型人才，将团队建设成学习的共同体、教学的共同体、科研的共同体、创新的共同体。在研究共同体理念下寻找职业发展规划、提升职业理论修养、激发自我提升欲望、探索名师成长的主要路径，既能满足让工作室成员寻求自主发展的意愿，又能较好地结合成员自身状况，寻找更适合个人发展的主攻方向。

一年多来，培养 1 位市级骨干教师、1 位区级学科带头人、2 位教区级骨干教师、1 位区级教坛新秀、1 位百优园丁、1 位市级名班主任、1 位区级优秀班主任、2 位优秀中队辅导员、1 位优秀共产党员；1 位教师获得中学高级教师职称，6 位教师获得一级教师职称；1 位教师从学生处副主任升任学生处主任，1 位教师升任教科室副主任，1 位教师升任德育处副主任，2 位教师升任年级组长，1 位教师升任年级副组长，9 位教师从数学教师升任数学备课组长。

三、学科建设

名师工作室的主要任务是提高教育教学质量，积极引导学科教育改革，提升学科教学研究的整体水平，工作室聚焦教育教学中的重点和难点问题，深入了解学科发展的现状和成因，了解学科教育及改革的方向。在充分了解学员的困惑和需求的情况下，发挥工作室成员的集体智慧，研究具有实践价值的教育理论和教学方法，研发和推广优秀课型，引导学科质量整体提升，将每位教师所在学校的教学成绩纳入名师工作室年度考核项目中。

一年多来，学员的教学成绩显著提高，其教学成绩均在所属学校的前列。同时也带动了所在学校的初中数学教育教学质量提升和学科建设。学员的教学理念不断更新、教学设计不断优化、教学能力持续提升、专业素养持续提高。工作室学员在"聚焦课堂任务驱动"研究共同体理念的指导下，共完成读书笔记、解题研究、教学设计、教学反思、教育故事、学习心得、试题研究等文章2700 余篇。目前，工作室开发了 1 个概念新授课课型和 8 个初三数学复习课课型，命制了十余套全原创中考模拟题，完成了《2021 年版云南初中数学学业水平考试导与练》《（云南专版）初中数学导与练同步学习（七、八、九年级）》《第一测评》《全品数学（七、八、九年级）》《云南省初中数学学业水平标准仿真卷》《新教材完全考卷》的编写，有力支持了课堂教学改革创新、课堂教学效率提升和教学质量的提高。

四、辐射引领

名师工作室的成员来自区域内不同学校，代表各个县区的实际需求，也包括边远郊县区的实际需求。工作室成员是各个学校的骨干中坚力量，义不容辞地应当承担为学校发展注入新活力、强动力的作用。通过送教送培、专家引领、外出访学、专题推动、课题研究、观摩指导、现场考察等形式，在区域协作整合的基础上，发挥名师工作室的优秀传播功能，成为推动区域共享的一面旗帜。

通过示范引领，让工作室成为学科研究根据地，让工作室成员做好教学教研排头兵，使区域内初中数学教师学有榜样、教学行为行有示范、教学质量赶有目标、教师成长快有途径，实现区域内优秀教育教学资源的快速推广。

一年多来，1 位教师被聘为云南省中数学兼职教研员，1 位教师被聘为云南省教材选用与审定委员会专家，2 位教师被聘为云南师范大学校外硕士研究生导师，2 位教师被聘为区级初中数学兼职教研员，1 位教师被聘为区级"数字教材"数学教研员，6 位教师被聘为云南省国培计划初中数学授课专家——累计到全省各地专题授课 30 余次，2 位教师到香格里拉市第一中学支教 1 年，帮扶学科建设和脱贫攻坚。王学先名师工作室还代表昆明市第五届名师工作室在安宁市第二届名师工作室启动仪式上做了"名师工作室创新建设"的主题经验交流。

五、成果提炼

工作室成立仅 1 年半，但科研水平持续提高，取得的成果颇为丰硕，影响力远远超出了昆明市这个区域。工作室注重成果的多样性、前瞻性、专题性、及时性、协同性、引领性，搭建高平台，建立好机制，促进多成果。

在 2020 年度中国数学教育论文评选活动中，全国共有 195 篇论文获奖，其中一等奖 80 篇，二等奖 64 篇，三等奖 51 篇，王学先名师工作室就有 8 人获得一等奖，6 人获得二等奖；工作室成员在 2020 年度全国名师工作室联盟教育论文评选活动中，共有 3 人获特等奖，11 人获一等奖，3 人获二等奖；发表在国家核心期刊的论文共 10 篇，发表在省级正规期刊的论文共 6 篇；课题立项省级 2 项、市级 7 项、区级 1 项。

六、结语

愿同行们在阅读《凝研究智慧　聚协作成果——研究共同体理念下的教师专业成长》时，能得到一些有益的启发，在名师工作室的建设方面探索创新举措，能更具有创新性。工作室文化管理立足"高起点、高标准、高质量"的建设路径，如"聚集课堂任务驱动""项目化方案培训""单元教学区域教研联动""研究共同体结队子培养""教育教学问题分类分组解决""信息化支持下的双师主题教研"等创新措施，让工作室富有生命活力，让工作室持续健康发展，让工作室成为一面旗帜，同时提醒和鞭策自己做得更好。

目 录
CONTENTS

上篇　文化管理

中篇　课题成果

下篇　引领卓越

上 篇

文化管理

工作室文化

做一个有志向的人，你会超越梦想！

做一个有研究的人，你会向上生长！

做一个有博爱的人，你会爱满天下！

做一个有意志的人，你会百炼成钢！

做一个有气质的人，你会超凡脱俗！

做一个有个性的人，你会创新不断！

做一个有人格的人，你会顶天立地！

做一个体格健全、体态优雅、体质良好、体魄强健的人吧，让人人有好身体！

做一个志向远大、情感丰富、意志坚强、性格迷人的人吧，让人间充满情！

做一个观察敏锐、记忆快准、思维灵巧、想象无限的人吧，让人间充满智！

做一个乐于实践、个性鲜活、创新不倦、人格独立的人吧，让人间充满创！

做一个和睦和气、和蔼和平、和真和善、和美和乐的人吧，让人间充满和！

做一个大写的人吧！使周围的人因你的存在而快乐，使周围的物因你的存在而自然。做一个大写的人吧！我们的社会将会因你的存在而自豪，而骄傲！

工作室 logo 设计理念

　　工作室 logo 图案是用圆规、首字母 W 以及坐标系等元素进行设计的。圆规的设计，体现数学教学工作特征，同时圆规的含义是心要定、要稳，脚要勤，才会圆满，体现教师以教育思想来引领数学教学；W 是王字拼音的首字母，利用拖笔的设计，体现数学教学发展的无限可能，数学教学追求卓越，永远在路上；下面的坐标系设计体现数学教学工作要理解数学、理解教学、理解学生、理解技术，多种先进的教学方法并用，善之本在教，教之本在师，象征着培养一支又一支高质量的教学队伍，人人成长为教学研究之王，人人成长为燎原之星。同时圆规的归零设计，体现数学教学发展的无限可能。

昆明市王学先名师工作室三年发展规划

（2020 年 5 月至 2023 年 5 月）

一、指导思想

百年大计，教育为本；教育大计，教师为本。为深入贯彻落实党的十九大精神，深入贯彻全国教育大会、《中国教育现代化 2035》、《云南省教育现代化 2035》和《昆明市教育现代化 2035》的精神，全面落实《中共中央 国务院关于深化教育教学改革全面提高义务教育质量的意见》《中共中央 国务院关于全面深化新时代教师队伍建设改革的意见》，造就党和人民满意的高素质专业化创新型教师队伍，根据工作室的实际，特制订本方案。

二、总体目标

工作室以教学研究专业提升为核心，以创新为主旋律，立足学科实际，用先进的教育思想来引领，紧扣初中数学学科教学发展需求，搭建促进青年教师专业成长以及名师自我提升的发展平台，打造一支初中数学教学领域中有成就、有影响的教师团队，培养一批有一定知名度和影响力的省、市级初中数学名师，发挥工作室的引领、示范、辐射作用，使之成为初中数学教师专业发展的摇篮、教研活动的基地、交流互动的平台，提高学科教育教学质量的前沿阵地。

三、工作机制与策略

（一）研训制度

每个月两次教学研讨、两次线上教研，工作室成员积极参加各级各类教学研讨活动，不断发挥工作室名师的示范、引领作用，带头上研究课、观摩课、示范课；参加工作室布置的研训工作任务，完成工作室的学习、研究任务。

每学期召开一次工作室总结会议，安排本学期展示的成果内容及形式，总结经验，探讨存在的问题。

每学期至少安排一次课题研究推进会，督促检查课题实施情况，解决实施过程中的难点。

每学期至少安排一次论文写作推进会，督促检查研究问题成果提炼情况，解决教育教学过程中成果提炼的难点。

（二）研训方式

个人自主研习与团队合作研修相结合；理论研习与实践反思相结合；线下教学活动与线上研习相结合。

"走出去、请进来"的专家指导模式。

（三）工作制度

名师工作室主持人与每个成员签订《名师工作室成员培养协议书》，在完成工作室研究项目和个人专业化成长方面制定周期发展目标，规定双方职责、权利及评价办法。

工作室主持人为工作室成员制订具体进步计划，安排培训过程。

工作室成员必须参加工作室布置的研训工作和"传、帮、带"工作，完成工作室的学习、研究任务，并提炼相应的研训成果，努力实现培养计划所确定的目标。

（四）考核制度

昆明市教体局师训处对名师工作室进行年度考核和终期考核。

工作室成员的考核由主持人和领导小组负责，主要从师德师风、学习能力、理论提高、教育教学能力、科研能力等方面考察是否达到培养目标，考核情况及时备案。

（五）档案管理制度

建立工作室档案管理制度，工作室设专人负责管理各种资料。

工作室成员的计划、总结、听课、评课记录、公开课、教案、成果、照片、音像资料、论文、课题、著作等材料及时收集、归档、存档，为个人发展和工作室发展提供支撑材料。

（六）人员分工

机构组成及设置：

工作室主持人 1 人，工作室成员 23 人，其中正式成员 11 人，编外成员 12 人。各成员分工负责，协调完成各项工作，专项工作形成主负责人，工作室的管理注重团队建设，没有完美的个人，只有完美的团队。

人员分工：

王学先：工作室主持人，总领工作室工作的协调安排。

霍明霞、陈曦：负责工作室的联络、召集；负责课题的相关工作、工作室课题的申报、制订研究计划及课题的实施、归档。

李加禄、曾勇、李翱行：负责论文写作推进；负责工作室微信公众号的信息资料收集整理以及审核和发布工作、归档。

杨兴建、吴禹杰：负责财务报销、制定教学示范课的教学设计，听、评、说课的评价模板，拟订并组织教师培训方案和外出学习培训及送教下乡的安排、布置、协调和相关活动的记录归档等工作。

黄刚云、耿娅：负责工作室活动记录并编排简报；负责工作室的新闻撰写及宣传报道。

石晶晶、杨周荣麟：负责工作室活动考勤、记录、资料整理归档。

赵铁龙、周建兴：负责外部联系、资源整合；负责工作室制度建设、归档、落实。

刘朝伟、任宗宇：负责网络教研，平台由云南财经大学附属中学与企业微信合作提供；负责工作室微课资源建设。

慕静、魏树娜、金婷：负责工作室材料的打印和归档保存；负责建立工作室档案管理制度，工作室成员的申请书、计划、总结、听评课记录、公开课、展示课、教案等材料及时收集、存档，及时记录教师专业成长轨迹。

管俊、陈代丽：负责微博、QQ 号建设，对外宣传。

四、工作原则

初中数学名师工作室是教师成长的学习共同体、教学改革的实验室、活力课堂的研究地、教学质量的促进场、初中数学教育教学研究的学习共同体。

工作室必须遵循以下原则。

（一）研究性原则

通过课题研究、集体攻关、案例研究、课例点评等日常教学跟进研修活动，解决教育教学工作中的难点问题和薄弱问题，总结推广教育教学研究成果。

（二）示范性原则

通过名师骨干"导教"、名师"讲学"、名师论坛等方式，传播先进的教育教学理念，传授教学经验和教学艺术，引领成员快速成长，实现成员在较高水平上的专业发展。

（三）共进性原则

成员都是有一定教学经验和较高教学能力的教师，通过观点报告、论坛、辩论等方式分享、学习、体会，实现共同成长。

（四）实效性原则

根据成员的实际状况，坚持统一性与灵活性相结合的培养原则。

五、工作室成员专业成长和专业发展的目标

工作室成员根据工作室提出的三年奋斗目标，提出个人的专业成长和专业发展的目标，促使每位成员尽快提高教育教学水平和科研水平，形成独特的教学风格。包括以下几个方面。

（一）提升成员专业素养

以开展"四个一"的研修活动为抓手，促进团队专业素养的提升。工作室暂定每个成员"四个一"的研修活动内容如下。

提高教育理论水平。工作室拟定一个推荐书目，每年推荐 5～10 本，制定三年推荐书目规划，其中每年精读两本，写研读笔记或撰写两篇以上读书心得，并在工作室读书沙龙中交流、学习、体会。

提高教育科研能力。工作室成员在三年内在本校主持开展完成一个市或省级立项课题。

提高写作水平。每年每个成员至少撰写一篇教学论文（包括教学随笔、案例反思、研究报告、经验总结等），在省级以上刊物发表或参加研讨会交流。

做好带头示范。所带班级的数学教学成绩在本校（年级）名列前茅，在本校起示范作用，每学年至少开展一次专题教研活动，如报告会、名师论坛、公开教学、专题讲座等；每学年配合至少开展一次送教活动；每学期至少进行一

次工作总结，以论文、研讨会、报告会、名师论坛、公开教学、专题讲座等形式向外辐射，促进昆明市数学学科教育的均衡发展、教学质量的提高和教师的专业成长。

（二）发挥成员示范作用

提高教育教学能力。每个成员每学年在校级评课 3 节（其中有 1 节配有教案及评课稿），承担校级公开课 1 节，每个成员在 3 年内至少打造 1 节精品课，并在市级及以上教研活动会上进行课堂教学展示。

建好交流平台。建立工作室 QQ 群、微信群、微博，开辟工作微信公众号，及时传递工作室成员之间学习成果，交流工作室研究成果，建立"学科骨干教师专业发展研究"教育教学资源库，使微信公众号成为本学科教学动态工作站、成果辐射源和资源生成站。工作室成员定期向工作室微信公众号提供动态的教育教学研修成果、研修心得、教育教学资源和教育教学经验。

培养教师，提高引领能力。培训各层次的名师。根据名师递进工程，在 3 年内培养出一定数量县级名师、市级或市级以上骨干教师、学科带头人、教学能手等。每个成员在 3 年内指导和帮扶 1～2 名青年教师，实行师徒结对制，培养、带动 1～2 名青年教师的专业成长，每学年听徒弟课不少于 6 节，帮助青年教师不断提高教学能力。

积极参加市级以上各类教学竞赛，努力取得好成绩。

六、考核奖励制度

按名师工作室的职责、规划及制度，对工作室成员进行年度考核。名师工作室成员的考核主要由其主持人负责，主要从师德修养、学习能力、理论提高、管理能力、教育教学能力、科研能力等方面考察是否达到培养目标。

工作室学员评价坚持定性与定量评价相结合、过程与结果评价相结合、自评与他评相结合，实现评价方法的多样化、评价主体的多元化。

工作室设立"工作室优秀成员"等奖项，每学年进行一次评选。

七、预期成果与保障

（一）开展课题研究

工作室成员可以围绕主持人的课题，承担一个子课题研究，也可以在主持人的指导下自主立项课题进行研究，确保在 3 年内至少有一篇质量较高的研究论文在省级以上的刊物发表或获奖。

（二）自主教学实践

组织开展工作室成员研讨课、交流课等活动，每位工作室成员每学年至少要有一节县及县级以上公开课或观摩课，或在县及县内开设一次专题讲座，每学年至少要有一次送教下乡。

（三）与不同学科的工作室进行横向、纵向交流

在学习其他工作室的研究方式与研究作风的同时，也将本工作室的研究成果进行推广。

八、工作计划与安排（年度规划）

第一阶段（2020 年 5 月—2021 年 5 月）

组建工作室，选拔工作室成员，制订工作室三年计划与实施方案。

完善配备设施，建立相关工作制度等，指导工作室成员制定发展规划，建立工作室微信公众号及成员个人微信公众号，以便更好地开展工作。

适时组织成员到市、省级名师工作室、省外学校进行参观学习。

学员经培训后先根据自身实际切入小课题研究，待时机成熟后申报一个省、市级课题，以课题促进成员研究能力的提升，引领工作室常规工作。

工作室申报一个国家级、省级、市级课题，以课题促进工作室成员的团队研究能力的提升，形成浓厚的学术氛围。

第二阶段（2021 年 5 月—2022 年 5 月）

"理论学习研修"与"实践提升研修"两大板块交叉进行。

结合读书、实践、研究、考察，召开研讨会，提升教师的教育理念。

组织教师进行校际教学交流活动，确定专题举办名师论坛活动。

网上理论研修，读书学习，撰写读书笔记，提高自身理论修养，积极参与科研课题研究。

开展相关课堂教学观摩活动及相关专题讲座，通过现场和网络名师论坛活动进一步探究教学艺术。

推进工作室课题研究，指导教师撰写发表研究论文，促进研究工作的深化。

第三阶段（2022 年 5 月—2023 年 5 月）

检查指导课题研究情况，确保顺利完成课题研究内容。

举行"名师培养对象课例展示活动"，加强微信公众号平台建设，实现教学资源共享。

提升个人教学理念和教学特色，完成学习记录及总结等。

反思前期学习培养思路。撰写结题报告，开展名师送教支教活动。

完成工作室教育教学科研成果展示，务求在科研、实践上对全市教师起到示范、引领作用。

提交研究的成果材料和工作室的总结材料，接受市教育局评估，争取申报下一周期工作室。

九、工作室愿景

（一）人人做到"三个牢固树立"

牢固树立中国特色社会主义理想信念，带头践行社会主义核心价值观，自觉增强立德树人、教书育人的荣誉感和责任感，学为人师，行为世范，做学生健康成长的指导者和引路人；牢固树立终身学习理念，加强学习，拓宽视野，更新知识，不断提高业务能力和教育教学质量，努力成为业务精湛、学生喜爱的高素质教师；牢固树立改革创新意识，踊跃投身教育创新实践，为发展具有中国特色、世界水平的现代教育做出贡献。

（二）人人坚持"四个相统一"

要加强师德师风建设，坚持教书和育人相统一，坚持言传和身教相统一，坚持潜心问道和关注社会相统一，坚持学术自由和学术规范相统一，引导广大教师以德立身、以德立学、以德施教。

（三）人人成为"四有"好教师

"四有"，即有理想信念、有道德情操、有扎实学识、有仁爱之心。

（四）人人成为"四个引路人"

广大教师要做学生锤炼品格的引路人，做学生学习知识的引路人，做学生创新思维的引路人，做学生奉献祖国的引路人。

（五）聚是星星之火，散是燎原之星

略。

十、工作室文化

做一个有志向的人，你会超越梦想；做一个有研究的人，你会向上生长；做一个有博爱的人，你会爱满天下；做一个有意志的人，你会百炼成钢；做一个有气质的人，你会超凡脱俗；做一个有个性的人，你会创新不断；做一个有人格的人，你会顶天立地！

王学先名师工作室培养指导学员协议书

　　甲方：王学先

　　乙方：＿＿＿＿＿

　　为了帮助青年教师成才，充分发挥名师的示范、辐射和引领作用，以传、帮、带、导、提、教、促为主要手段实施对青年教师的培养和指导。在 2020 年 5 月至 2023 年 3 月期间，名师工作室主持人王学先（甲方）愿在教育业务上培养指导学员＿＿＿＿＿＿＿＿（乙方）。经双方协商同意签订如下协议。

一、各方职责

甲方：

　　1. 率先垂范，为青年教师树立良好的师德师风。

　　2. 根据乙方自身素质，指导乙方制订个人周期发展规划和个人年度发展计划，在培养周期内根据乙方的成长情况不断调整和完善培养计划，使乙方在专业素养、专业能力、科研能力等方面快速成长，使其成为昆明市的骨干教师。

　　3. 每学期开学前指导乙方制订出学期教学工作计划；指导钻研教材、熟悉教材，每学期帮助审核教学设计不少于 1 篇，指导乙方命制试题 1 份；指导课题的申报及实施。

　　4. 积极开展教学研讨，加强对乙方在教材教法、课堂教学、案例研讨、课堂研究、论文撰写、高效课堂建构开发等方面的培训指导。

　　5. 开放课堂，为乙方提供观摩学习机会，并深入乙方课堂，每学年听评课指导不少于 1 节次。

　　6. 积极支持乙方参加学校和上级教育部门组织的各项业务竞赛，并做好赛前指导工作。

7. 建立学员培养档案，加强对乙方的考勤管理、学习管理、活动管理，并记入学员培养档案中。

8. 每学期为学员提供的教育理论和教育信息资料不少于 20 篇。

9. 认真督促乙方完成学习笔记、工作室布置的任务驱动作业、读书笔记，动员乙方参加现代化教学手段的使用培训。

10. 对乙方进行学年考核及鉴定，并记入乙方专业发展成长记录中。

乙方：

1. 遵守教师职业道德规范，做到爱国守法、爱岗敬业、关爱学生、教书育人、为人师表、终身学习。

2. 制订个人周期发展规划和个人年度发展计划，配合甲方共同制订具体培养计划。

3. 积极参加甲方组织的专家讲座、公开教学、同课异构、成员共研、送教下乡等各类教学展示活动，完成工作室的学习、研究任务，努力实现个人发展规划中所确定的目标。

4. 每年至少研读 3 本教育教学论著，做好读书笔记或学习心得。

5. 积极参加工作室课题研究，每学年至少有 1 篇学科专业论文、案例或反思等在市级及以上正规刊物发表、交流或在市级相关学科评选活动中获奖。

6. 观摩学习甲方课堂教学或录像课，每学年开设汇报课不少于 1 节，听评课不少于 16 节。

7. 定期完成有关考核的内容。

8. 积极参加学校和上级教育部门组织的各项业务竞赛。

9. 每学年写一篇关于青年教师业务培养和专业成长的专题总结。

二、本协议自即日起生效，到 2023 年 3 月终止

本协议一式三份，甲、乙各执一份，工作室存档一份。

甲方（签名） 乙方（签名）

年 月 日 年 月 日

王学先名师工作室年度工作计划

（2020 年 5 月至 2021 年 3 月）

根据《昆明市中小学、幼儿园名师工作室管理办法》，结合工作室三年工作规划，现制订本年度培养计划如下。

一、指导思想

本着使工作室成为"名师成长的摇篮、资源辐射的中心、师生对话的平台、教育科研的基地"的宗旨，关注教育前沿，重视典型引领，为工作室教师成长搭建平台，注重在行动中研究，在研究中提升，在提升中反思，在反思中推进。提升数学学科素养、开阔研究视野，从而促进工作室成员迅速成长，形成自己的教学风格和特色。

二、工作目标

（1）以专家讲座、公开课、研究课、组织外出听课、研修学习等形式，塑造工作室成员鲜明的教学风格和特点。

（2）以课题研究为载体，引领工作室成员打造数学学科教学特色。

（3）发挥工作室成员在教学及研究上的示范、引领和辐射作用。

（4）以激发工作室成员自身潜力为目的，参加各级各类示范展示或教学评比活动。

（5）以集聚和传递工作室成员群研成果为宗旨，建设好工作室公众微信平台。

三、具体工作及措施

1. 着眼教学设计，聚焦课堂教学

教学是教师的第一要务，塑造个性特质课堂是教师的专业发展目标。名师之"名"，首先在于课堂教学，本工作室的工作重点之一，就是进一步提升工作室成员的课堂教学能力，这也是本工作室开展其他各项活动的基础。为此，本年度要求工作室成员在校内进行一次以上教学展示，并撰写出教学设计实录及反思，从中推荐优秀课例参加"第三届全国名师工作室创新发展成果博览会"的成果征集与展示。全面提升工作室成员的课堂教学能力，促使形成自身鲜明的教学个性和特色，力争在同行中有一定的影响。

2. 实施首席专家引领，打造数学学科研究特色

工作室将充分结合成员自身专业特点，聘请工作室首席课题专家、首席论文专家，进行专业培训指导，深入挖掘数学教学资源，进而推动成员数学教育科研的特色发展和内涵发展。争取让成员有更多研究成果在各级各类专业刊物上发表或获奖，在教育主管或业务部门组织的各级各类竞赛活动中获奖。

3. 做好帮扶引领，追求辐射效应

创设工作室合作互动的"学习共同体"和"发展共同体"，研究教学问题，分享教育智慧，实现工作室成员的专业化成长和专业化发展。另外，工作室成员还要成为学科教学的示范者和青年教师成长的帮扶者。工作室将用实实在在的行动，通过专家理论培训、课堂教学观摩研讨、校际参观考察、教师专业化发展培训等，进一步加大对本学科的辐射功能，体现出名师工作室在教育教学、教学研究等方面的指导价值。

4. 搭建交流平台，共享教育智慧

打造工作室专题公众微信平台，及时传递工作室成员之间学习成果，交流工作室的研究成果。及时更新充实公众微信平台内容，以网络形式进行辐射和推广，实现资源共享，使工作室公众微信平台成为教学动态工作站、成果辐射源和资源生成站，服务教学，服务教师。

5. 走出去请进来，促进内涵发展

有计划地安排工作室成员外出培训、观摩、考察学习，与教育专家、名师零距离接触，聆听他们的教育思想和实践经验，分享他们的教育智慧，聘请知

名教育专家学者担任工作室导师，进行指导，促进工作室成员的专业发展和内涵发展。

四、各月份工作安排

2020 年 5 月

（1）召开工作室第一次工作会议，签订目标责任书。

（2）建立工作室成员个人电子档案，记录培养过程。

（3）通过微信群、钉钉群等方式组织线上教学研讨活动、日常工作会议等，启动任务驱动。

（4）组织专家对论文写作的培训指导。

2020 年 6 月

（1）制订工作室、成员三年发展规划、年度工作计划。

（2）组织同课异构、线上交流培训。

（3）组织专家对课题研究的培训指导，确定工作室科研课题及成员研究课题，为申报省级、市级、区级课题做准备。

（4）送教下乡活动。

2020 年 7 月

（1）工作室成员线上培训。

（2）聚焦期末复习备考。

（3）研究省、市初中数学学业水平考试试题。

2020 年 8 月

（1）购买教育论著，开展暑期读书活动。

（2）完成试题评价分析。

2020 年 9 月

（1）聚焦教学设计理论与实践培训。

（2）教材教法理论与实践培训。

（3）课堂教学观摩研讨。

2020 年 10 月

（1）同课异构活动。

（2）教学论文指导。

2020 年 11 月

（1）与其他工作室联动教研。

（2）科学评价与提高教学质量专题培训。

（3）组织学员参加"第三届全国名师工作室创新发展成果博览会"成果评比活动。

（4）命题研究培训。

2020 年 12 月

（1）送课下乡活动。

（2）组织读书交流活动，各成员汇报阶段读书体会。

（3）完成"第三届全国名师工作室创新发展成果博览会"成果推荐工作。

（4）论文阶段总结梳理、论文专题培训及课题研究进展汇报会。

2021 年 1 月

（1）课题阶段总结梳理、教育科研专题培训及课题研究进展汇报会。

（2）组织外出培训考察学习活动。

（3）"一师一优课"专项准备。

（4）由核心组成员根据工作室成员参加工作室活动的数量和质量对其进行年度综合评价。

2021 年 2 月

（1）年度工作总结。

（2）工作室成员提交教学论文、读书笔记、教学设计实录、课件。

（3）对工作室成员进行年度考核。

（4）整理工作室档案。

（5）暑期读书活动。

2021 年 3 月

（1）工作室年度工作计划、学员年度研修计划。

（2）教学理论、信息技术手段应用培训。

（3）同课异构活动。

五、采取措施

1. 坚持学习，提升专业素养

工作室坚持终身学习理念，依据《中共中央 国务院关于全面深化新时代教师队伍建设改革的意见》，所有成员将围绕"课程标准"和"教材"展开学习研讨活动。通过集中学习，了解并掌握数学学科领域的前沿理论知识，提升专业素养；通过自学研修、网络互动学习，掌握信息技术与数学学科融合的专业知识。

2. 改革教法，体验线上课堂

根据学科特点，通过线上课堂教学模式的探究改变教师的教学方式，从而培养学生自主学习能力。

3. 课题研究，提升科研水平

工作室将对申报的研究课题展开深入、持久的专题研究，提高成员科研意识和研究能力。

4. 团队协作，研发培训课程

工作室以"新理念、新理论、新教法"为重点，以教学方法和教学策略为核心，以解决中小学教师课堂教学难点、疑点、热点问题为目的，合理分工，有效协作，开展教师培训微课程、教师学科培训视频讲座课程、教学课例研发、教辅编写、试卷命制等工作。

5. 搭建平台，共享研发资源

有效利用名师工作室平台及网站，展示教育教学研究成果，与国家、省、市、区级学科教师分享交流。

6. 辐射带动，培养骨干后备

工作室成员将通过公开课、研讨会、学术论坛、送课下乡、帮扶农村学科教师团队等方式，积极参与全市数学学科教师学习交流活动，真正实现资源共享，努力提升学员数学学科教师业务能力和专业素养，培养骨干后备。

7. 多方筹措，提供经费保障

将昆明市教育体育局拨付的经费，投入工作室各项业务活动中，包括会务费、购置书籍、课题研究、资料收集整理、课程录制、观摩考察、劳务费、成果展示等方面。完成主持人所在学校工作室活动场所及建设，为组织成员的研究活动提供物质条件和保障。

昆明市王学先数学名师工作室

2020 年 5 月

2020 年度王学先名师工作室工作总结

根据"昆明市名师工作室"管理办法，促进名师工作室高效运作、健康发展，充分发挥"昆明市名师工作室"在初中数学教育教学等方面的示范、引领、辐射作用，加快初中数学优秀教师的培养，自 2020 年 5 月 21 日工作室成立以来，严格按照《昆明市名师工作室实施方案》的规定开展工作。

一、培养骨干团队

工作室主持人 1 人，工作室成员 23 人，其中正式成员 11 人，编外成员 12 人。

自 2020 年 5 月 21 日举行开班仪式以来，王学先名师工作室根据《昆明市王学先名师工作室三年发展规划》及《王学先名师工作室年度工作计划（2020 年 5 月至 2021 年 3 月）》，与学员签订《王学先名师工作室培养指导学员协议书》，学员依据《昆明市王学先名师工作室三年发展规划》及个人发展要求制订了《学员个人三年发展规划》及《昆明市王学先名师工作室个人年度工作计划》。工作室以个体、对子、小组、工作室的组织形式开展学习及工作，各小组制定《小组三年发展规划》。

二、引领教师成长

工作室依据工作目标，开展专家讲座 9 场、同课异构公开课 3 次、研究课 4 次、组织外出听课 6 次、研修学习等形式 9 次，由此塑造工作室成员鲜明的教学风格和特点。

三、引领教学改革

在教学实践中邀请教育部白涛老师对工作室课改理论培训 3 次，研究课堂教学；邀请云南省社会科学研究院何立恒开展"从中考数学改革的趋势方面谈初中数学教学的问题"的讲座，为课堂教学改革提供成功典范。

四、开展课题研究

针对教育教学实践中师德师风建设、教师专业成长、素质教育实施过程中的重点和难点问题、学科教育评价体系的建立与完善、学科学段教学衔接等重要基础性课题进行专题研究。工作室于邀请了昆明市教科院理论研究室李庭辉主任进行课题研究讲座培训，并聘请李庭辉主任为工作室首席课题指导专家，后续工作室又邀请李庭辉主任对工作室准备申请的课题进行指导；针对学员写作论文的困难，工作室邀请了《云南教育（中学教师）》编辑徐新亮进行《科研论文的选题与写作》讲座培训，再次邀请《云南教育（中学教师）》编辑邱艳与徐新亮进行面对面的论文指导。工作室主持人及学员课题已结题的有《"互联网"时代初中数学智慧课堂教学设计与实施》与《自学·议论·引导教学法在初中数学课堂中的本土化应用研究》，已立项正在进行的有《初中数学课题学习教学与信息技术融合的研究》与《"互联网＋"引入初中数学教学的实践研究》。

五、开发、整合优质教育教学资源

工作室从开班起就建立了工作室 QQ 群、微信群、钉钉群以方便工作室成员之间的交流，资源共享。以集聚和传递工作室成员群研成果为宗旨，工作室在公众微信平台展示工作室使命、工作室 logo、名师及学员风采、工作室文化、工作室愿景。自 2020 年 6 月 7 日起至今学员以对子、小组的形式开展"聚焦教学，任务驱动"的工作，以课时教学目标及解析、教学反思、解题研究、试题研究、命题研究、数学教育故事、成果展示（论文、著作、专著等）、优秀教学设计、课件、学案、读书心得、教学与信息技术整合、数学微课、一师一优课、数学文化、课题研究等为内容在公众微信平台发表文章，共完成近 1650 余份工作室研究作业。

六、一年的成绩

成立一年来，通过"任务驱动"的创新模式管理，学员已有 11 篇论文发表。组织线上、线下集体教研 20 余次，完成了《2021 年版云南初中数学学业水平考试导与练》（以下简称《导与练》）、《第一测评》、《全品九年级数学》的编写。

具体工作落实情况见下表。

主持人	简讯撰稿人	日期	活动地点	活动内容	活动形式	备注
			王学先名师工作室活动主持人及简讯撰稿安排表			
霍明霞	耿　娅 黄刚云	2020.5.21	财大附中	开班仪式及论文讲座（徐新亮）	现场会议	第一期
耿　娅	杨周荣麟 石晶晶	2020.6.4	重工中学	同课异构	现场会议	第二期
	李加禄 曾　勇	2020.6.11		学员三年规划分享	网络会议	第三期
杨兴建	霍明霞 陈　曦	2020.6.18	财大附中	课题研究及学员三年发展规划分享（李庭辉）	现场会议	第四期
	刘朝伟 任宗宇	2020.7.2		线上教研讨论课题研究	网络会议	第五期
	杨兴建	2020.6.30	十七中	示范课及初中数学学业水平考试复习讲座	讲座	第六期
陈　曦	管　俊 陈代丽	2020.7.23	财大附中	分享学员三年规划、任务驱动交流、《导与练》编写安排	现场会议	第七期

续表

王学先名师工作室活动主持人及简讯撰稿安排表						
主持人	简讯撰稿人	日期	活动地点	活动内容	活动形式	备注
金婷	李翱行 金婷	2020.9.3	财大附中	教学设计与概念教学讲座	现场会议	第八期
	吴禹杰			2020年初中数学学业水平考试试卷分析（市考）		第九期
	吴禹杰	2020.9.25		2020年初中数学学业水平考试试卷分析（市考）数与式		第十期
石晶晶	周建兴 赵铁龙	2020.9.24	财大附中	中学数学教学中要把握的几个基本问题（黄永明）	现场会议	第十一期
	吴禹杰	2020.10.16		2020年初中数学学业水平考试试卷分析（市考）		第十二期
陈代丽	陈代丽 金婷	2020.10.15	铁五中	同课异构	现场会议	第十三期
	杨周荣麟	2020.10.22	师大实验昆明湖校区	同课异构 以教会研	现场会议	第十四期
吴禹杰	吴禹杰	2020.10.30		"2020年昆明市初中学业水平考试数学解答题评析"		第十五期
王学先	李加禄	2020.11.5	昆明三中 李永平 工作室联动	"聚焦核心素养，优化数学课堂"	现场讲座及学员课例分享	第十六期

王学先名师工作室活动主持人及简讯撰稿安排表						
主持人	简讯撰稿人	日期	活动地点	活动内容	活动形式	备注
王学先	杨兴建	2020.9.16	送教下乡	对昆明市城镇初中和高中数学骨干教师进行专业化培训，培训的主题为"基于核心素养的教学设计与教学设计案例分享"	现场讲座及学员课例分享	第十七期
霍明霞	魏树娜 慕　静	2020.11.11	财大附中	"科学评价与提高教学质量"	现场会议	第十八期
马关县教育局	杨兴建	2020.11.26	山车中学	"2021年数学学业水平考试——精心研究、精准备考"	现场会议	第十九期
云南师范大学国培专家组	霍明霞	2020.11.21—2020.11.22	德宏州梁河县民族寄宿制学校	"解读初中数学课程标准及提升课堂教学质量"与"2020年云南初中数学学业水平考试分析及解题策略分析"	现场会议	第二十期
李翱行	管　俊	2020.12.10	财大附中	"从初中数学学业水平考试改革的趋势方面谈初中数学教学的问题"（何立恒）	现场会议	第二十一期
黄刚云	黄刚云	2020.12.3	石林巴江中学	"提高初中数学学业水平考试复习中数学课堂教学效率"为主题的复习示范课及专题讲座（吴禹杰，王学先）	现场会议	第二十二期

续　表

王学先名师工作室活动主持人及简讯撰稿安排表						
主持人	简讯撰稿人	日期	活动地点	活动内容	活动形式	备注
禄劝县教体局教研室张献聪主任	李翱行	2020.12.17	昆明市禄劝彝族苗族自治县	信息技术与初中数学教学融合的实践经验的交流活动"信息技术与初中数学融合的实践经验基于洋葱数学开展初中数学教学"	现场会议	第二十三期
魏树娜刘朝伟	周维巧	2020.12.24	财大附中	论文指导（邱艳，徐新亮）	现场会议	第二十四期
市教研室	颜　玲	2021.1.7	昆明十中	洋葱授牌仪式及示范课（杨兴建）	现场会议	第二十五期
王学先	颜　玲	2021.2.4	财大附中	"2020年度工作室总结会"及表彰先进	现场会议	第二十六期
陈静安	耿　娅	2021.3.17	财大附中	"指向数学核心素养发展的问题驱动启发式结构化教学：行动指南与实施路径"（陈静安）	视频会议	第二十七期
李　彪	陈　曦	2021.3.25	财大附中	"课题选题论证及申报书填写"	现场会议	第二十八期
刘朝伟	霍明霞	2021.3.31	安宁一中	联合教研：复习示范课及"初中数学学业水平考试备考策略"专题讲座	现场会议	第二十九期

一年以来，工作室全体成员勤奋学习、锐意进取，依托"聚焦教学，任务驱动"的创新方式，促进成员对每天的教育教学工作进行思考与研究，提升专业发展和内涵发展水平。按照工作室的建设定位、组建和建设、开展内容和方式、管理和制度、文化建设、培训成果来打造名师队伍，构建一个学习研究型团队，更好地发挥名师工作室在新时代中学数学育人方式改革中的专业引领、辐射作用，提升中学数学名师工作室的骨干教师孵化培养效能。

昆明市初中数学王学先名师工作室
学员年度考核方案

（20　——20　学年度上学期）

姓名：　　　　　得分：　　　　　　　　　年　月　日

考核内容	评分指标	评价等级				得分
		A	B	C	D	
计划总结（10分）	根据自身情况，科学制定个人发展三年规划，目标明确，措施可行。（4分）					
	制订每学期的个人工作计划，明确专业发展的目标和步骤。（3分）					
	有学期工作总结，突出问题有分析与解决策略。（3分）					
理论学习（10分）	每学期根据自身情况进行阅读，完成不少于一本数学教育专著的阅读。（5分）					
	完成不少于3000字的读书笔记，不断提升自我理论素养。（5分）					
学习培训（20分）	参加工作室的学习、交流、研究活动，不断提升个人专业能力。（10分）					
	按时保质保量完成工作室"聚焦课堂任务驱动"作业。（10分）					

考核内容	评分指标	评价等级				得分
		A	B	C	D	
教学实践（15分）	经常与工作室成员、学校骨干、教育专家等进行教学实践研究活动。（5分）					
	至少上一节校级及以上的公开课或专题讲座，提高教育教学水平。（5分）					
	立足课堂教学实践，探索符合自身特点的教学模式，形成教学反思。（5分）					
课题研究（10分）	围绕工作室立项课题，确定一个子课题进行扎实的实践研究。（5分）					
	注重课题研究的过程管理，过程性资料齐全。（3分）					
	课题周期结束前完成一篇高质量的论文，公开发表。（2分）					
示范引领（15分）	有帮带青年教师协议。（2分）					
	参加送教下乡活动，承担送课任务。（5分）					
	在学科教学研究团队中发挥引领、示范作用，每学期不少于一次专题讲座或一次公开课。（3分）					
	能在校际、区域及更广的范围内进行教学交流，发挥示范引领作用。（5分）					
工作成果（20分）	每年至少在市级及以上论文评选活动中提交一篇参评论文。（10分）					
	撰写参加校内外、工作室教学活动效果自评报告及反思。（2分）					
	在校内外推介本人或工作室成果或经验，得到认可并推广。（5分）					
	所带青年教师业务能力提高，所带研修团队业务水平提升，本人专业水平得到普遍认可。（3分）					

续　表

考核内容	评分指标	评价等级				得分
		A	B	C	D	
其他工作（5分）	保质保量完成工作室承担的相关任务。（5分）					

说明：

1. 考核评分：每一项指标在评价等级中按等级打"√"选择，评价等级分值：A 1.00；B 0.80；C 0.60；D 0.40；评价分值为指标评分乘以等级分值，保留一位小数计入得分栏。

2. 考核办法：考核工作分为阶段考核与终结考核两个阶段。考核分为优秀（85分以上）、合格（60~84.5分）、不合格（60分以下）三类。

　　阶段考核由名师工作室主持人统一考核，每学年一次，阶段考核成绩不合格者，主持人有权直接将学员除名，考核结果统一上报昆明市教体局师训处。终结考核由教育体育局统一考核，对于考核成绩优秀的学员授予名师工作室优秀学员称号；考核合格以上学员发名师工作室学员证书；考核不合格学员通报学校，该学员除名。

中　篇

课题成果

"自学·议论·引导教学法在初中数学课堂中的本土化应用研究"课题申报

一、问题与困惑

"初中数学'自学·议论·引导'教学法"始创于江苏南通启秀中学李庾南老师，2014年荣获基础教育国家级成果奖。该教学法是指以帮助学生学习为核心，以提升数学思维品质和自学能力为重点，通过自学、议论、引导三个基本教学环节的有效融合，个人学习、小组学习、全班学习三结合教学形式的灵活运用，使学生主体在探索知识生成过程中，提高学习质量和水平，经过不断完善，逐渐形成特色鲜明、易于操作的教学法。

中国教育学会"2014年基础教育国家级教学成果获奖成果推广建议书"第932008号文件指出，经过3~4年的首轮推广，形成"自学·议论·引导"教学法的有效范式，在全国建成800所"自学·议论·引导"教学法实验学校，30个实验区，并建议任何学科都可以学习和借鉴"自学·议论·引导"教学法，使得"自学·议论·引导"教学法的价值得到更大彰显，学生在探索知识生成的过程中，发展学习能力，提升综合素养。

2016年9月，云南省教科院确定了云南财大附中和昆明第二十一中两所学校作为"自学·议论·引导"教学法的实验学校。2016年10月13日至15日，在江苏南通市召开了"自学·议论·引导"教学法推广工作启动仪式，两所学校均派相关人员参加了教学法推广工作启动暨培训会议，同时，也标志着"自学·议论·引导"教学法研究和推广的正式启动。经过一年半的教学实践，教学法的发展势态却不如预期。究其原因，"自学·议论·引导"教学法对学生综合素质的要求较高，对学生的学习能力要求较强。前者是因为云南省属于教育欠发达地区，学生的整体综合素质与发达地区相比，仍存在一定差距；后者要求教师要有较强的教育教学能力，在实施"自学·议论·引导"教学法的实践中迅速提升学生的学习能力。这两个要素是导致"自学·议论·引导"教学法教学效果不理想、形似而神不似的重要原因，使得"自学·议论·引导"教学法不被众多数学教师接受，也让实验学校的教师产生了诸多困惑，特别是单元教学不符合云南教学实际。在推广过程中存在"南橘北枳""水土不服"的问题，实际上，这个教学法的思想符合国际先进的教学理念。但在各个实验学校的实施过程中，都存在着许多问题。解决好这些问题，才能让一个优质的教育品牌发挥作用，产生效益，这就是选题的意义所在。

二、文献资料学习

"初中数学'自学·议论·引导'教学法"的核心内容：一是科学组织"自学·议论·引导"学与教的方式，其中"自学"是基础，"议论"是枢纽，"引导"是关键，旨在以学论教、教学相长，建构完整的教学过程；二是创设民主开放的互动情境和具体操作要义，让学生自主构建、学会学习、全面发展；三是针对初中学段学生的特点，总结切实可行的操作范式，构建自学课、交流讨论课、习题课、复习课四种课型，真正让学生实现"在学习""真学习""会学习"，呈现出当代"以学习者为中心"的愿景，以符合教育教学规律及学生发展规律。在教学过程中，教师的启发、唤醒、促进代替了教师单一的讲授、解释、演绎，激发了学生学习的情感和动力，彰显了教书和育人的统一。

三、概念界定

财大附中数学组希望通过将"自学·议论·引导"教学法进行本土化应用研究，探索出适合云南大多数学校的"自学·议论·引导"教学法，并通过不断创新和实践，逐步做到从形似走向神似，从模仿走向创造，引导教师更新教育理念，提高认识水平，加强教学研究，发挥基础教育国家级成果在推进教育改革、深化实施素质教育方面的示范引领和辐射作用，切实提高教师教书育人能力和学校内涵发展水平，实现教育公平，提高教育质量，落实数学核心素养，惠及更多师生。

四、理论依据

"自学·议论·引导"教学法是为解决初中数学学习中的"教"与"学"问题，结合实验学生的实际情况，结合"自学·议论·引导"教学法的精髓，充分运用自主构建原理、以学论教原理、情智相生原理、最近发展区原理、互慧共进原理等。其中，自主构建原理是学习者在自己原有知识、经验的基础上，借助与他人、社会的交往互动，通过主动探索，对当前所学知识及其意义，在深刻领会的基础上，内化为自己的经验，形成自己的知识和能力结构；以学论教原理主张学放在首位，把学习的主动权交给学生，教为了学，基于学，根据学来研究，确定怎样教，引导和推进学，使教师真正成为学生学习的参与者、引导者、服务者和辅助者；情智相生原理教学要通过调动学习者内在的以思维为核心的智力因素和以情感为核心的非智力因素，凸显数学是"思维的体操"，情生智、智激情、情智相生，在思维的碰撞激荡中促进其内在心智结构等的和谐发展；最近发展区原理，强调现有发展水平和潜在发展水之间不是一个恒量，而是一个因教师而不同、因情境而增衰、因资源而有异的变量，因而教师帮助和引导学生，使之得以最大限度地拓展与升值；互慧共进原理强调教学相长、合作学习、共学共进，不为突出学生主体而忽视教师的引导作用。

五、研究目标和内容

（一）研究目标

"自学·议论·引导"教学法是根据学生的学习水平来确定教什么和怎么教，它的最大特点是教师能够站在学生的角度思考问题，把课堂还给学生，真正打造以学生为中心的精彩课堂。

（二）研究内容

（1）中学数学"自学·议论·引导"教学法与传统教学法的特点对比研究。

（2）"自学·议论·引导"教学法的精髓与"问题导引、自主探究、成果展示、适度引导"教学法的整合，形成"自学·议论·引导"教学法本土化应用的操作要义。

（3）录制"自学·议论·引导"本土化教学法课堂教学视频，组织开展"自学·议论·引导"本土化教学法课例案例研究，探索切实提高数学教育教学质量的教学方法。

（4）选择部分模块内容进行单元主题教学研究，探索优化课堂教学结构的措施。

六、研究对象与范围

研究对象是云南财经大学附属中学初中部三个年级的学生，研究范围是初中数学"自学·议论·引导"教学法本土化应用研究、在高中数学教学中的迁移研究及探索其他学科可以借鉴的路径。

七、研究思路

为了更全面有效地应用"自学·议论·引导"教学法，本课题研究首先将以实地调研为基础，聚焦课堂，关注学生学习活动，研究教师的教学行为。其次，从实地调研中得出客观结论，分析教师"教"和学生"学"中出现的现象和问题，探究其深层次原因，结合"自学·议论·引导"教学法改革教学设计、改革教学活动、改革学习方式、探索不同课型的教学方式；通过广泛的培训学习，以课例研究为抓手，在比较借鉴李庾南团队教学课例的基础上，结合财大附中经典成功课例，将大量存在的客观实际升华为精练的理论，提出可行的对策；将这些对策与策略应用于我们的课堂教学中，并不断完善，将自学、议论、引导三个基本教学环节进行有效融合，初步形成本土化的"自学·议论·引导"教学法。最后，通过访谈问卷或测试的形式了解研究的成效。研究中注重下列方法：问题整理；资料收集；理论设计；实践探究；反馈提高；理论总结；分步进行；滚动研究；反复实践，注重实效。

八、研究方法

①文献研究法；②调查研究法；③行动研究法；④案例研究法；⑤对比研究法；⑥经验总结法。

九、研究步骤

（制订课题研究工作方案，有目的、有计划地进行研究。）

第一阶段：准备阶段（2018 年 5 月—2019 年 3 月）

（1）组织教师系统培训"自学・议论・引导"教学法，观看教学视频，研讨课例，与传统教学法进行对比分析；

（2）参与课题研究的教师，就自己所教的两个教学班实施不同的教学法进行对比研究；

（3）收集有关文献资料，撰写开题报告和实验研究方案；

（4）设计问卷调查表，调查部分教师和学生教与学的情况。

第二阶段：实施阶段（2019 年 4—12 月）

（1）坚持定期活动制度，进一步加强教学法理论学习，深入实践研究；

（2）每周进行一次集体教研，每两周录一节课；

（3）制订实施计划，按计划进行实验，收集资料，组织研讨活动，撰写实践中期总结报告；

（4）定期召开交流、汇报，注意研究的进程，处理好实践中出现的问题。

第三阶段：结题阶段（2020 年 1—3 月）

（1）认真总结，分析整理研究成果，查漏补缺，补充完善；

（2）完善"自学・议论・引导"教学法的本土化应用策略；

（3）撰写结题报告；

（4）申请专家组鉴定验收。

十、创新之处和预期成果

（一）创新之处

（1）云南本土化"自学・议论・引导"教学法应用研究在云南是率先进行的，此研究有针对性和适用性，可推广基础教育国家级成果；

（2）将"自学・议论・引导"教学法与"问题导引、自主探究、成果展示、适度引导"教学方式进行整合，组建"自学・议论・引导"教学法研究团队，搭建研究平台，提升教师专业素养，改变学生学习方式，提升教学质量；

（3）选择部分模块内容进行单元主题教学研究，探索优化课堂教学结构的措施。

（二）预期成果

序号	完成时间	最终成果名称
1	2019 年 4 月	财大附中部分教师和学生教与学的调研分析
2	2019 年 11 月	实验数据对比分析报告
3	2019 年 12 月	教学案例设计、视频资源（共 20 节，数与代数 8 节、图形与几何 8 节，统计概率 4 节）
4	2020 年 1 月	变式题集、教学辅助材料
5	2020 年 2 月	"自学·议论·引导"教学法本土化的实践研究报告
6	2020 年 2 月	"自学·议论·引导"教学法本土化应用操作要义
7	2020 年 2 月	"自学·议论·引导"教学法本土化应用研究结题报告

十一、组织分工

负责人：王学先

承担任务：课题申报、组织指导开展研究、负责撰写立项申报书、开题报告、阶段总结和计划及结题报告。

成员：霍明霞、刘晏、杨兴建、慕静、段涛

承担任务：收集文献资料及学习，制订研究方案，对初中部部分学生、初中部部分老师进行问卷调查、数据整理分析；做好会议记录，参与教学案例的收集和整理，教学视频的录制，进行实践教学、参与实践研究。

参考文献

[1] 李庾南．数学自学·议论·引导教学法［M］．北京：人民教育出版社，2004.

［2］李庾南．自学·议论·引导教学法［M］．北京：人民教育出版社，2013.

［3］徐洁．把课堂还给学生［M］．上海：华东师范大学出版社，2018.

［4］杨九诠．学生发展核心素养三十人谈［M］．上海：华东师范大学出版社，2017.

［5］吉姆·奈特．高效教学：框架、策略与实践［M］．上海：华东师范大学出版社，2017.

［6］李炳亭．高效课堂22条［M］．济南：山东出版集团，2010.

"自学·议论·引导教学法在初中数学课堂中的本土化应用研究"课题实施

一、研究过程记录

主要的理论文献与资料查找：

作者姓名	李庾南	论文或论著名称	自学·议论·引导教学论
发表或出版时间	2013 年 7 月	发表刊物或出版社或网址	人民教育出版社
主要观点		自学·议论·引导原初形态是一种教学方法，然后形成一种教学法，再逐步提升为含有教学原理的教学模式，进而形成自己的主张，被誉为一种教学流派。不管如何演进，它在研究教师如何教，学生如何学，研究教与学的统一，研究学生怎么会学数学、学好数学方面，永远在教学的大地上行走。十多年来，随着课改的深入推进，我认为自学·议论·引导教学法的核心理念是：以学生为主体，在师生合作中学会学习，获得自主发展。其内涵为：其一，学生是学习的主人，教学的核心是学生学会学习，自主发展；其二，学会学习的最为合适的、有效的方式是议论式的合作学习；其三，教师的使命在于引导、提升。开始，我总觉得这样的概括低了，过于空了，但是经过反复思考、研究，我以为这不低。 阅读并记录时间：2018 年 3 月 5 日		

续　表

作者姓名	徐洁	论文或论著名称	把课堂还给学生 ——如何构建理想课堂
发表或出版时间	2017 年 9 月	发表刊物或出版社或网址	华东师范大学出版社
主要观点			理想课堂指的是着眼于学生终身发展，顺应学生心理发展规律与学习材料的逻辑顺序，原汁原味地反映教学本质，自然本真、充满智力挑战、情趣盎然、激扬智慧、释放潜能、润泽气质、点化生命，使学生和教师的内在生命活力得到充分展示的课堂。有效组织合作学习，自主、合作、探究是一个链条上的几个重要的相互关联的环节。合作学习中出现的一系列问题让不少老师措手不及。于是，有人怀疑合作学习的有效性，有人不敢再使用合作学习，有人对学校推行合作学习抱有抵触情绪……那么，如何正确认识合作学习，又如何破解实践中出现的不尽如人意的情况呢？作为教学的主阵地，课堂是师生活动的主要场所，课堂评价是提升课堂教学质量的有效手段。 阅读并记录时间：2018 年 5 月 25 日
作者姓名	余文森	论文或论著名称	核心素养导向的课堂教学
发表或出版时间	2017 年 7 月	发表刊物或出版社或网址	上海教育出版社
主要观点			学科核心素养的研制和提炼，义务教育阶段和高中阶段在出发点与大方向上是一致的。义务教育阶段的学科核心素养不可能抛开高中阶段的学科核心素养而"另起炉灶"。所以，义务教育阶段的教师要有超前的意识，即使在义务教育课程标准尚未做新修订的情况下，也要自觉地以高中阶段的学科核心素养为参照，准确领会学科核心素养的完整内涵和实现路径，做到"为我所用"，结合学段特点，把学科核心素养有机地融入自己的学科教学实践中。这既是义务教育阶段的教师教育教学的任务，也是高中阶段的教师培育学科素养的基础。 阅读并记录时间：2018 年 9 月 4 日

续 表

作者姓名	孙曙辉、刘邦奇	论文或论著名称	智慧课堂
发表或出版时间	2016 年 5 月	发表刊物或出版社或网址	北京师范大学出版社
主要观点			

<table>
<tr><td rowspan="2">主要观点</td><td colspan="3">　　以建构主义学习理论为依据，以"互联网"的思维方式和大数据、云计算等新一代信息技术打造的智能、高效的课堂。其实质，是基于动态学习数据分析和"云、网、端"的运用，实现教学决策数据化、评价反馈及时化、交流互动立体化、资源推送智能化，创设有利于协作交流和意义建构的学习环境，通过智慧的教与学，促进全体学生实现符合个性化成长规律的智慧发展。智慧课堂的关键是因材施教！人工智能和大数据，能做到精准教学，将打破经验教学的局限性，真正实现因材施教、分层学习。目前，许多教师还是凭经验在教学，凭经验去剖析学生的问题，去指导学生的成长。教育部科技司雷朝滋司长在 STEM 教育跨界高峰论坛上的讲话指出：教育信息化从 1.0 走向 2.0。再凭借经验教学是行不通了，必须跟上信息化的步伐。更新教育理念，变革教育模式，培养创新人才，是新时期对教育提出的新要求。作为教育人，我们要很好地思考。</td></tr>
<tr><td colspan="3" align="right">阅读并记录时间：2019 年 12 月 26 日</td></tr>
</table>

二、研究过程记录

他人成功的经验与案例：

姓名	李庾南	性别	女	所在岗位	江苏南通启秀中学
来源渠道			阅读书籍		
成功的经验或案例			李庾南老师的教学理念，源于经验兼及理性，又从个人钻研到带动团队，其影响已遍布全国不少省市。她作为始终坚守在教学第一线的初中数学教师，创造了极富自己特色的教学流派，这本书其实是她终身从教、上下求索的生命结晶。		

续　表

姓名	李庚南	性别	女	所在岗位	江苏南通启秀中学
来源渠道	阅读书籍				

成功的经验或案例	初中生学习数学，处在一个特殊的关键时期，知识从具体形象过渡到逻辑抽象，但又不能过于严谨；学生要从烂漫童真发展为独立建构学习，但时常局限于稚嫩。这一阶段的数学教师是非常难当的，几乎课课都要绞尽脑汁。李老师的成功正在于此，该书涉及的上百课例，处处体现了她的脑力与机智，每当论及先进的教学理念或原理的时候，李老师都能用自己做过的案例来说明。这一点十分重要，有人说：未经自己体验的理念只是别人的理念。李老师则不同，她已经把初中数学的主干知识、逻辑关系与针对不同儿童、有差别的教学理念做了天衣无缝的实践对接，自然而又顺畅。这是中国数学教育堪为世人赞美的最重要的"草根"亮点之一。 　　李老师是崇尚独立自学的教师典范。如该书所说，看、听、问、练、记，主要靠自己。她相信，离开了学生自己学、自己做，教学就无法摆脱灌输式，这是她践行的基点。李老师又格外重视班级中的集体议论，强调集思广益，把责疑问、平等议论不仅作为课堂教学的核心环节，而且是教学的重要目标，由此提升课堂教学的思维品质。但无论是自学还是议论，都需要教师帮助，李庚南老师正是在这一方面，功力尤其独到，她的"相机引导"简直到了炉火纯青的地步。首先，她的"相机引导"源于对学生的精准了解，知道每个学生的心性与不同阶段的实情，然后找寻最适当的时机以便导得有理、引得出彩。她的绝招在于悉心诱导而不是牵着学生走路，严格要求又不强制他们，全力开导却不去代替学生思考。数学是一门逻辑思维很强的学科，李老师的引导，注重数学知能的连贯一致而不是零打碎敲，讲求学生接受能力合乎顺序的引领，还能预见学生可能出现的差错而防患于未然，她对学生何时自学、何时议论均有细微而完善的安排。李老师的这种"相机引导"，时间一长，我们看到的是，师生相悦，学习效能倍增，本来冷冰冰的数学知识教学，成了师与生、生与生共同成长的欢乐园地。 <div style="text-align:right">记录时间：2018 年 6 月 20 日</div>

姓名	盖笑松	性别	男	所在岗位	东北师范大学心理学院教授
来源渠道	参考文献				
成功的经验或案例	学生对学习过程中的反思及正确归因是持续发展的关键。 1. 提升学生的反思能力 引导学生跳出问题解决过程中的某一个信息的障碍，观察内心受到的情绪干扰，从而提升对问题整体信息的觉察能力和整合能力。反思并非自责，也并非检讨，更不是表决心，反思就是站在局外审视自己整个学习过程中各变量的变化过程，可以看到自己在面对不同的问题情境时出现的多种心理反应，并接纳自己每时每刻的状态。 2. 反思对比正确解题与错误解题过程中两种不同的思维方式 反思是针对每一个问题解决过程中的思维障碍点，思考思维障碍发生过程中的多种制约因素，包括知识提取内容及速度，面对问题发生、发展过程中的情绪变化，与自我的内部沟通（策略性知识）和问题解决过程中的思维过程。在上述解题教学实例中，几乎在每一个问题解决之后都会引导学生对之前的思维过程进行一次反思，帮助自主学习者对比正确的思维过程与错误思维过程之间的差异，寻找造成思维障碍的各种因素。反思时不仅要对出现思维障碍的环节进行反思，而且要随时跳出自己的思维过程，对整个思维进行再认知，觉察自己当下发生的思维过程、情绪变化、知识的状态以及行为表现，最后要把反思转化为一种思维习惯，从而促进学生成为反思型学习者，并将这种反思的思维习惯伴随终身。 3. 反思的正确归因推动系统优化发展 反思后的归因显得尤为重要。学生对自己行为结果的归因无论正确与否，都会影响他们随后的情感、期望和行为动机，进而影响他们的成就行为和学习成绩。另外，教师对学生的归因影响很大。教师应引导学生对自己的学习结果做出合理的、适当的归因，从而激发学生的学习动机，提高学习行为的坚持性。 合理正确的归因将对学习起到积极的导向作用。如果学生经常把反思结果归因于内部可控的因素，学生就会不断地调整和改变自己的行为。内部可控因素一般指的是学习者可以调节和改变的因素，例如，在解题过程中自身的情绪状态、知识掌握程度等。相反，如果学生把结果归因于外部不可控因素，如题目的难易度、今天的心情、老师的态度。 记录时间：2020 年 3 月 9 日

三、研究过程记录

所做的各项工作：

序号	工作要点 （主题研讨、研究课、观摩课、主题教育活动、会议、沙龙、讲座、成果交流等）	成果形式	产生的效果及问题简述	完成人
1	主题研讨	教育教学案例	自学·议论·引导教学法在初中数学课堂中的本土化应用研究	王学先 霍明霞　段涛
2	研究课	研究报告	自学·议论·引导教学法在初中数学课堂中的本土化应用研究	王学先 杨兴建　慕静
3	观摩课	教育案例	自学·议论·引导教学法在初中数学课堂中的本土化应用研究	魏树娜　林银
4	主题教育活动	教育案例	自学·议论·引导教学法在初中数学课堂中的本土化应用研究	刘晏　杨兴建
5	会议	教育报告	自学·议论·引导教学法在初中数学课堂中的本土化应用研究以及对初中数学课堂的构建路径交流探讨	王学先 霍明霞　段涛
6	讲座	教育报告	自学·议论·引导教学法在初中数学课堂中的本土化应用研究以及实践教学经验的分析	刘晏　杨兴建

续 表

序号	工作要点 （主题研讨、研究课、观摩课、主题教育活动、会议、沙龙、讲座、成果交流等）	成果形式	产生的效果及问题简述	完成人
7	成果交流	研究报告	自学·议论·引导教学法在初中数学课堂中的本土化应用研究模式以及实践教学经验的总结	王学先 杨兴建

四、课题最终研究成果登记表

序号	成果名称	成果形式	效果及作用简述	发表、获奖、出版	完成人
1	"自学·议论·引导"教学法本土化应用操作要义	手册	指导教学法的实施和应用	无	杨兴建
2	勾股定理的逆定理课例及其评析	论文	课例展示	《云南教育》	王学先
3	新高考评价下初高中教学的衔接	论文	教学指导	《云南教育》	王学先
4	寻源头 抓本质 促生成	论文	探讨课堂教学引领学生思考的方法	《云南教育》	霍明霞
5	中考专题复习——实际应用题·最优方案问题（课例及评析）	论文	中考专题复习示范	《教育学文摘》	杨兴建
6	变式题集、教学辅助材料	教辅	辅助教学	校本材料	杨兴建

五、教育科研成果推广情况

成果名称	研究成果报告
推广内容	"自学·议论·引导"教学法本土化应用研究结题报告
推广范围	初中教师
推广措施	在集中学习时进行交流培训，在公开课进行实际操作展示，让教师理解教学法理论的同时也能学习教学法实施的具体操作流程
推广效果	**理论加实践的培训是最好的学习方式，在学习中不仅学到了理论知识，而且强化了操作方法**

"自学·议论·引导教学法在初中数学课堂中的本土化应用研究"结题报告

结题报告结构如图 1 所示。

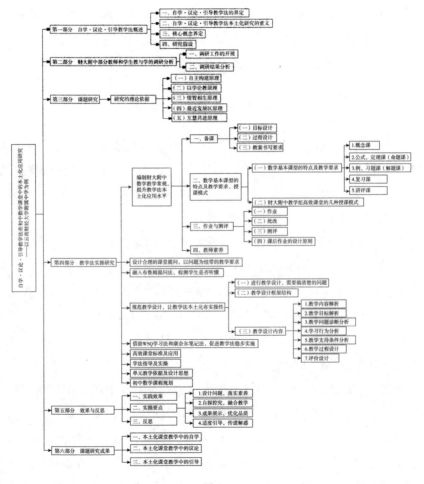

图 1

第一部分　自学·议论·引导教学法概述

一、自学·议论·引导教学法的界定

"自学·议论·引导"教学法的核心是帮助学生真正学会学习，自主学习，创造性地学习，享受学习，激发学生的生命活力。"自学·议论·引导"是三个环节，"自学"是基础，"议论"是枢纽，"引导"是关键，是一个有机的组成；三个环节又可以理解为三个维度，"独立自学""群体讨论""相机引导"是围绕学习能力的培养，是可以突破时间线索的，三个方面相辅相成。这个教学法自身又具有很强的组织性，可以自我调节，可以再度生成，可以不断开放。

二、自学·议论·引导教学法本土化研究的意义

"自学·议论·引导"教学法的教学主张和模式来自田野，是蹲守课堂，通过观察、调查、测量、试验、总结得来的，来自学生学习过程的现实情境。更深入地挖掘学生潜能、更大程度地提高学生学习的积极性、更充分地发挥学生的主体性，是这个教学主张和模式的中心内容。

2014年，"自学·议论·引导"教学法获得了国家基础教育成果奖一等奖，并于2016年开始，得到中国教育学会中国数学专业委员会的成果推广。2016年9月，云南省教科院确定了云南财大附中和昆明第二十一中两所学校作为"自学·议论·引导"教学法的实验学校。2016年10月13日至15日，在江苏南通市召开了"自学·议论·引导"教学法推广工作启动仪式，两所学校均派相关人员参加了教学法推广工作启动暨培训会议，标志着"自学·议论·引导"教学法研究和推广的正式启动。经过一年半的教学实践，教学法推广的发展势态却不如预期。究其原因，"自学·议论·引导"教学法对学生综合素质的要求较高，对学生的学习能力要求较强。前者是因为云南省属于教育欠发达地区，学生的整体综合素质与发达地区相比，仍存在一定差距；后者要求教师要有较强的教育教学能力，在实施"自学·议论·引导"教学法的实践中迅速提升学

生的学习能力。两个要素是导致"自学·议论·引导"教学法教学效果不理想、形似而神不似的重要原因，使得"自学·议论·引导"教学法不被众多数学教师所接受，也让实验学校的教师产生了诸多困惑，特别是单元教学不符合云南教学实际。在推广过程中存在"南橘北枳""水土不服"的问题，实际上，这个教学法的思想符合国际先进的教学理念。但在各个实验学校的实施过程中，都存在着许多问题。解决好这些问题，才能让一个优质的教育品牌发挥作用，产生效益，这就是选题的意义所在。

三、核心概念界定

本土化应用可以理解成是一个过程而不是一个目的。一个事物为了适应当前所处的环境而做出的变化，通俗地说就是要入乡随俗。来到一个新的地方，不能不了解它的历史文化，要想深入地了解不同环境的文化背景，只有尊重当地的教育，才能适应新的环境，得到更好的发展。

财大附中数学组希望通过将"自学·议论·引导"教学法进行本土化应用研究，探索出适合云南大多数学校的"自学·议论·引导"教学法的操作要义，并通过不断创新和实践，逐步做到从形似走向神似，从模仿走向创造，引导教师更新教育理念，提高认识水平，加强教学研究，发挥基础教育国家级成果在推进教育改革、深化实施素质教育方面的示范引领和辐射作用，切实提高教师教书育人能力和学校内涵发展水平，实现教育公平，提高教育质量，落实数学核心素养，惠及更多师生。

四、研究假设

财大附中数学组肩负教育教学改革的使命，初中数学 11 名教师中，教龄超过 15 年的有 5 人、5～15 年的有 6 人，每位教师都有强烈的意愿，进行教育教学的改革创新，提升财大附中初中学生的数学学习能力，同时培养初中生的数学表达能力和创新意识。为了实现这一美好目标，财大附中初中数学教师以课题研究为起点，聚焦课堂，从教学设计研究入手，通过问题导引、自主探究、成果展示，探索出适合财大附中的数学教学方法，打造精彩课堂，切实提高教师教书育人能力，提升学校教育教学内涵，提高教育质量，落实数学核心素养。数学课程的基本出发点是促进学生全面、持续、和谐地发展，落实数学的核心素养。它不仅要考虑数学自身的特点，更要遵循学生学习数学的心理规律，强调从学生已有的生活经验出发，让学生亲身经历将实际问题抽象成数学模型并进行解释与应用，同时，在思维能力、情感态度与价值观等方面得到进步和发展。中学阶段的数学学习，要求学生在掌握基础知识和基本技能的基础上，初步形成对数学思想方法的理解和运用、数学与实际联系以及基本的数学能力。围绕这一目标，教师该如何有效指导学生主动掌握数学知识、发展数学能力、形成良好数学素养呢？本课题研究背景源于云南省数学"自学·议论·引导"教学法推广中出现的一系列教与学的问题。本课题旨在通过学校实践来落实教学法的精神，实现本土化的教学法，课题的研究是从数学学科教学常规、课堂提问及提问设计、问题引导教学、数学教学设计、学法指导、高效课堂及设计、初中数学教学规划等方面进行探索和实践，以"立德树人"为宗旨，以发展学生"核心素养"为目标，以实现课堂教学转型和建立学校课程体系为重点，着力培养学生的数学思维和学习数学的兴趣，既解决了初中数学教学中所面临的困境和难题，又为推进数学教育课程改革做了积极的探索和实践，形成"自学·议论·引导"的本土化教学法。

第二部分　财大附中部分教师和学生教与学的调研分析

一、调研工作的开展

为了真实地掌握财大附中教师的教和学生的学的现状，分别设计了初中数学课堂教师教学方式和初中学生学习情况问卷进行调查。随机抽取财大附中初中部数学教师和学生作为研究对象。其中选取初中学生 260 名和数学教师 11 名，并发出调查问卷 271 份，收回调查问卷 269 份，教师问卷 11 份，问卷回收率 100%，有效率 100%。学生收回问卷 258 份，问卷回收率 99.2%，其中可用问卷 249 份，问卷有效率 96.5%。调查总量符合调查问卷的原则。

二、调研结果分析

（一）初中数学教师课堂教学方式问卷调查分析报告

1. 教师的教龄

从图 2 中的数据我们了解到财大附中数学教师的教龄，45.45% 的教师教龄在 15 年以上，36.36% 的教师教龄为 6～10 年，18.18% 的教师教龄为 11～15 年，这些数据说明财大附中数学教师都有一定的教学经验，对教学理念、教学形式、教学方式方法、教学活动等都有不同程度的理解。

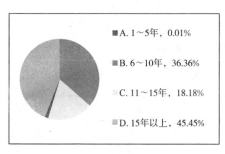

图 2

2. 数学教学的有效性

数学教学的有效性是指教师在数学教学中为了取得预期的教学效果、完成教学任务、达成教学目标，创设科学的教学情境，利用合乎学生需求的教学模式，激发学生的学习兴趣，在有限的教学时间内收到事半功倍的效果。保障学生有效掌握教师教授的知识和技能，促进优势智能发展，培养创新思维、实践能力，促进个性发展，养成良好的学习习惯，通过学习，学生可以全面地进步。

Q1. 下面哪些因素能反映初中数学教学的有效性？（选 3 项）

答案	A. 有效地促进学生发展（知识技能、数学思考、解决问题、情感态度方面）	B. 学生形成自学与合作学习的习惯	C. 尽可能少的教学投入取得尽可能好的效果	D. 学生的作业正确率高、测验成绩好	E. 激发学生学习数学的兴趣	F. 核心素养的落实
所占百分比	90.91%	72.73%	45.45%	45.45%	54.55%	36.36%

Q2. 下面哪些方面的工作有利于促进初中数学教学的有效性？（选 3 项）

答案	A. 充分的教学准备，深刻理解教材，教学目标明确	B. 突出重点，突破难点	C. 高效地利用教学时间	D. 课堂教学效率高，课堂练习容量大	E. 教学思路清晰，结构合理	F. 课前学习方法指导	G. 组织学习小组，合作学习	H. 单元主题教学
所占百分比	100%	63.64%	45.45%	18.18%	45.45%	0%	36.36%	9.09%

从 Q1、Q2 中的数据不难发现，数学教师对数学教学有效性以及促进教学有效性的教学方式方法有一定的认识，但存在不足。

3. 讲授课与数学教学的有效性

Q1. 请估计您以讲授为主的课堂教学大约有多少时间是有效教学？

答案	A. 90% 左右	B. 75% 左右	C. 60% 左右	D. 50% 左右
所占百分比	9.10%	36.36%	27.27%	27.27%

Q2. 您的课堂教学就讲授而言，有效性不高的原因主要有哪些？

答案	A. 条理性和清晰度差	B. 启发性差	C. 生动形象不够	D. 突出重难点、抓住关键不够	E. 学生没有积极参与
所占百分比	18.18%	63.64%	90.91%	36.36%	81.82%

Q1、Q2 的调查结果显示，讲授课的有效教学时间短，其主要原因是讲授课启发性差，不够生动形象，学生没有积极参与，即讲授课轻视了学生学习的主动性，过多地在"教"里兜圈子，忽视了学生的"学"，从而使学生养成"教师推着学生走"的被动学习习惯。

4. 学情

Q1. 教学前对学生知识技能、能力、思维水平、学习习惯等方面情况您有多少了解？

答案	A. 对全班的情况能总体把握	B. 对每个学生的具体情况都很了解	C. 对部分学生的这些情况比较了解	D. 基本上不了解
所占百分比	45.45%	45.45%	9.10%	0%

Q2. 您的学生中有自学习惯的学生大约占您所教学生的比例为多少?

答案	A. 10%	B. 20%	C. 30%	D. 40% 以上
所占百分比	18.18%	45.45%	27.27%	9.10%

Q3. 在课堂教学中,您的学生在哪些方面的因素需要加强?(选3项)

答案	A. 行为因素	B. 情感因素	C. 认知因素	D. 动机因素	E. 兴趣因素
所占百分比	72.73%	54.55%	54.55%	54.55%	63.64%

Q4. 您在教学中学生用得最多的学习方式有哪些?(选3项)

答案	A. 自主学习,合作学习	B. 接受式学习	C. 基于问题学习	D. 基于实践学习	E. 基于网络学习	F. 情境体验式学习	G. 过程活动式学习	H. 发现探索式学习
所占百分比	72.73%	45.45%	72.73%	18.18%	9.09%	18.18%	9.09%	54.55%

　　教师备课中"备生"准备得越充分,对学生的思维水平了解得越透彻,才能实现"以学定教",指导教学。Q1 到 Q4 的调查结果显示,只有9.09%的教师对部分学生的这些情况比较了解,45.45%的教师对全班的情况能总体把握,45.45%的教师对每个学生的具体情况都很了解。因此,本课题建议教师课前了解学生的身心发展特点、学习方式、学习需求、学习动机以及学习新知识的起点;课堂中努力做到明察秋毫,通过学生在各个教学环节中表现出的"学情"去调控课堂教学;课后可通过个人或者小组作业或者课堂反馈的形式来开展学情分析。

　　5. **教材研究**

　　教材内容不只是指向知识和技能,还涵盖知识的发生、发展、应用过程,研究问题的思想、方法等丰富的内容。只有对教材把握精透,才能创设合适的情境,生成课题,激发研究兴趣,才能有更多的时间关注学生学习过程中的细节、思维过程中的细枝末节。

　　Q. 下面哪几项您能在钻研教材时比较容易地感悟到?(选3项)

答案	A. 教学的重点、难点	B. 以课标为准绳对学材再构建	C. 如何组织学生讨论	D. 知识之间的联系	E. 教学方式的选择	F. 学情诊断
所占百分比	100%	72.73%	36.36%	54.55%	27.27%	0%

从上表中的数据不难看出在钻研教材时，100%的教师能感悟到教学的重点、难点，72.73%的教师能感悟到以课标为准绳对学材再构建，54.55%的教师能感悟到知识之间的联系，只有36.36%的教师能感悟到如何组织学生讨论，27.27%的教师能感悟到教学方式的选择，这说明教师在教材的处理上还应注重知识的发生、发展、应用过程，研究问题的思想、方法等丰富的内容。

6. 自学

Q. 你对学生自学活动的要求是什么？

答案	A. 没有具体要求	B. 有目标的自主学习知识	C. 自主构建新知识	D. 由思维的拓展延伸及知识的迁移形成新的知识
所占百分比	9.09%	45.45%	18.18%	27.27%

调查结果显示，只有9.09%的学生自学活动没有具体要求，45.45%的学生自学活动是有目标的自主学习知识，18.18%的学生自学活动是自主构建新知识，27.27%的学生自学活动是由思维的拓展延伸及知识的迁移、形成新的知识。这说明大部分教师对自学活动的认识流于表面，简单地将自学理解为让学生去学，没有学习内驱力，没有目标要求，没有方法指点。实际上自学活动有三种水平，第一种是接受性的自学活动，即自学演绎性材料；第二种是生成性的自主学习，在教学情境中，自主构建新知识；第三种是创造性的自学活动，即由思维的拓展延伸及知识的迁移形成新的知识。

7. 合作学习与数学教学的有效性

Q1. 您认为合作学习对提高教学有效性的作用大吗？

答案	A. 作用很大	B. 有一定的作用	C. 基本没有作用	D. 完全没有作用
所占百分比	27.27%	72.73%	0%	0%

从上表中的数据可知，72.73%的教师认为合作学习对提高教学有效性有一定的作用，27.27%的教师认为合作学习对提高教学有效性作用很大。

Q2. 您在日常课堂教学中引导学生自学及合作学习的情况怎样?

答案	A. 贯串在每一节课中	B. 偶尔	C. 从不
所占百分比	36.36%	63.64%	0%

上表中的调查结果显示,偶尔在日常课堂教学中引导学生自学及合作学习占比 63.64%,只有 36.36% 的教师会将引导学生自学及合作学习贯串在每一节课中。

Q3. 合作学习一般在上什么类型的课中最为有效?

答案	A. 概念课	B. 习题课	C. 复习课
所占百分比	54.55%	18.18%	27.27%

上表中的调查结果显示,54.55% 的教师认为合作学习应用在概念课中最为有效,18.18% 的教师认为合作学习应用在习题课中最为有效,27.27% 的教师认为合作学习应用在复习课中最为有效。这说明教师对合作学习的认识不够深刻,其实,议论是合作学习的一种形式。通过自学,学生掌握必备知识,为进一步的交流打下基础;通过小组交流,学生取长补短,进行思维碰撞;通过全班共学,学生的思想认识得到再次整合,因此合作学习也适用于习题课与复习课。

Q4. 每节课每个问题的讨论您一般控制在多长时间?

答案	A. 2~3 分钟	B. 5 分钟	C. 8 分钟	D. 10 分钟及以上
所占百分比	27.27%	63.64%	9.09%	0%

上表中的调查结果显示,每节课一个问题的讨论时间,2~3 分钟占比 27.27%,8 分钟占比 9.09%,5 分钟占比 63.64%。这说明大部分教师在组织教学的过程中常为了教学进度导致学生讨论时间不足,使学习方法、思维方法以及学习情感等得不到充分的交流,学生的分析问题和解决问题的能力也就得不到充分的培养。

Q5. 在引导学生时,以下您较善于应用的方法是什么?(选 3 项)

答案	A. 示范性引导	B. 例证性引导	C. 展望性引导	D. 逻辑性引导	E. 反驳性引导	F. 误导性引导(有意犯错,让学生在错误中进行自我纠错)	G. 探究性引导
所占百分比	72.73%	63.64%	9.09%	54.55%	9.09%	54.55%	36.36%

从上表中的数据可知，在引导学生时 72.73% 的教师善于应用示范性引导，63.64% 的教师善于应用例证性引导，54.55% 的教师善于应用逻辑性引导和误导性引导，36.36% 的教师善于应用探究性引导，只有 9.09% 的教师善于应用展望性引导和反驳性引导。引导的方法千变万化，只有极大地调动智力因素和非智力因素，统筹、协调、有效地开展智力活动和非智力活动，才能调整好教与学的关系，有效地提高教学质量。

Q6. 您认为教师在课堂教学中的主导作用是通过以下哪些方法实现的？

答案	A. 点拨	B. 严格按照教案讲授	C. 解惑、释疑、引导	D. 提示	E. 让学生自主探究	F. 让学生议论、展示成果
所占百分比	81.82%	9.09%	90.91%	36.36%	45.45%	36.36%

从上表中的数据可知，针对教师在课堂教学中的主导作用，90.91% 的教师认为通过解惑、释疑、引导实现，81.82% 的教师认为通过点拨实现，45.45% 的教师认为通过让学生自主探究实现，36.36% 的教师认为通过让学生议论、展示成果实现，只有 9.09% 的教师认为通过严格按照教案讲授实现，其实，只要有引导，教师在课堂教学中就能发挥主体作用。

建议：

（1）从财大附中初中数学教师的课堂教学方式调查现状来看，传统的教学模式的教学有效性较低，因此需要进行教育教学的改革创新，探索适合财大附中初中学生的教学模式以及操作要义。

（2）根据不同课型的特点，探索适合该课型的高效教学流程模式。

（3）在教学活动中，要做到开放而有序，主要表现为：①掌握学生已有的学情，通过本章本节学生的知识能力、情感、态度应得到怎样的发展，即制定教学目标应多元化；②教材的处理由"学厚"到"学薄"；③根据课标、教材、学生基础以及教师原有的教学经验设计教案。

（4）引导是教师在课堂教学中发挥主体作用的重要标志。这就要求教师具有规范而灵动的教学技艺，即坚持一定的规范——以生为本，以学定教，把学习主动权还给学生，发挥其主体作用，而又不拘泥于形式，强调实践创新，灵活使用教学方式方法。

（二）初中学生学习情况问卷调查分析报告

1. 你现在对学习的感受是

答案	A. 有兴趣	B. 较有兴趣	C. 没有兴趣
所占百分比	84%	16%	0%

2. 你现在对学习的态度是

答案	A. 主动学	B. 被动学	C. 不想学
所占百分比	97%	3%	0%

3. 你上课的状况是

答案	A. 积极参与	B. 被动参与	C. 基本不参与
所占百分比	93%	7%	0%

问题1、问题2、问题3的调查结果显示，大部分学生对待学习和学习活动的态度是积极的、主动的，而积极主动的学习态度不仅有利于学习动机的激发，还有利于学习效率的提高。

4. 你课前的预习状况是

答案	A. 看一遍教材	B. 找重点，找难点	C. 对照参考资料
所占百分比	21%	60%	19%

问题4的调查结果显示，主体的学习准备状况（学与教的出发点），以及在准备过程中学习者独立获取知识的能力，21%的学生看一遍教材获得知识形成阅读技能，60%的学生在基础阅读的基础上通过找重、难点形成基础的知识结构。

5. 现在大多数教师在课堂上是

答案	A. 先讲后练	B. 先练后讲	C. 只讲不练
所占百分比	95%	5%	0%

我们知道，教与学的关系是贯串教学活动的基本问题，问题5的调查结果显示，在教学过程中，95%的教师采用"先讲后练"的教学模式，这种传授型的教学模式过分强调教师课堂讲授行为和传授知识的艺术性，虽然提高了学生

单位时间内的学习效益，但是轻视了学生学习的主动性，从而养成"教师推着学生走"的被动学习习惯，逐步使教师和学生形成一个"教学是教师讲学生听或先听教师讲解学生后做练习"的习惯思维。

6. 你是否愿意参加小组讨论交流

答案	A. 非常愿意	B. 比较愿意	C. 不愿意
所占百分比	73%	26%	1%

7. 你是否愿意参加班级讨论交流

答案	A. 非常愿意	B. 比较愿意	C. 不愿意
所占百分比	72%	28%	0%

小组交流讨论、班级交流讨论都是合作学习的主要形式，没有沟通就不可能有教学，议论不只是个体之间的言语往来，更是对话、交往、沟通，教师通过议论的形式推动合作学习，突破教学中教学信息单向传输的弊端。通过问题6、问题7我们了解了有28%左右的学生在学习交流上比较被动，这部分学生在知识的互相补充上、思维方法的互相启发上、学习情绪的互相激励上就显得不足。

8. 你在思考和解决学习问题时的习惯是

答案	A. 采用自己的方法去想问题	B. 总想听别人的看法	C. 先放一放，以后再说
所占百分比	93%	7%	0%

独立思考能力是自学能力的核心要素，问题8体现了大部分学生独立思考问题的能力，7%的学生在分析问题、解决问题的能力方面有待提高。

9. 你课后的复习状况是

答案	A. 看一遍教材	B. 整理当天笔记，记忆重点	C. 找难点，进行自主二次练习	D. 基本不复习
所占百分比	6%	68%	26%	0%

课后复习是学习的继续，不同的学习方法对知识的掌握程度有一定的影响，68%的学生采用整理当天的笔记、记忆重点的方式进行复习，能重新审视一天

学到的知识，对知识进行再记忆，但缺少知识结构的建构；26%的学生采用找难点，进行自主二次练习，在练习的过程中理解知识的应用并能建构知识结构。

10. 你每天自主学习的时间是

答案	A. 30 分钟	B. 1 小时	C. 1 小时以上	D. 完成作业，基本不自主学习
所占百分比	27%	36%	34%	3%

自主学习的时间主要体现了学习的自律性，是学习主体对自己学习的自我约束性或者规范性，它在认识域中表现为自觉地学习。问题 10 的调查结果显示，大部分学生能自主地进行学习。

11. 你觉得采用哪些学习方式能有效学习（选 3 项）

答案	A. 自主学习	B. 合作学习	C. 探究学习	D. 接受学习	E. 基于问题学习	F. 基于实践学习	G. 基于网络学习	H. 情境体验式学习	I. 过程活动式学习	J. 发现探究式学习
所占百分比	23%	13%	23%	4%	6%	7%	2%	6%	6%	10%

12. 现在大多数老师采用的教学方式是（选 3 项）

答案	A. 老师讲解，学生听记	B. 师生共同探讨	C. 组织学生动手讨论交流	D. 让学生上台讲	E. 组织学生动手活动	F. 让学生上网学习	G. 指导学生归纳整理知识	H. 指导学生进行研究性学习
所占百分比	23%	22%	15%	4%	4%	3%	15%	11%

13. 你觉得老师采用哪种教学方式能使你有效学习（选 3 项）

答案	A. 老师讲解，学生听记	B. 师生共同探讨	C. 组织学生动手讨论交流	D. 让学生上台讲	E. 组织学生动手活动	F. 让学生上网学习	G. 指导学生归纳整理知识	H. 指导学生进行研究性学习
所占百分比	18%	26%	13%	6%	3%	3%	21%	20%

问题 11 的调查结果显示，学生偏向的学习方式为自主学习、探究式学习以及合作学习；问题 12、问题 13 的调查结果显示，教师通常采用的教学方式为教师讲、学生听记，师生共同探讨，组织学生动手讨论交流以及指导学生归纳整理知识，而学生觉得较有效的教学方式是师生共同探讨、指导学生归纳整理知识以及指导学生进行研究性学习，这说明教师的教与学生认识中的教之间有出入，教学方法相对落后，对学情了解不足，这就提醒我们要优化学习过程，改善教学结构。

建议：

（1）从财大附中学生的学习情况调查现状来看，学生自主学习能力有待提高，主要表现在：一是学生能主动地投入学习过程中，但是存在机械记忆，在知识的自我构建和自主创新上有待提高；二是学生的课前预习和课后复习缺少方法，流于形式。

（2）在自主学习的基础上，学生之间缺少交流讨论，不愿也不善于与他人交往合作，在学习上比较保守，不乐意把自己的学习心得、经验与同学分享，在交流中没有突出合作学习、探究学习，在互动探究过程中自觉体验、感悟的学习方式较少运用，因此需要优化学生的学习过程。

（3）学生的学习离不开教师的引导，学生只有在教师的引导下才能实现有意义、有质量、有效率的自学，教师的引导必须基于学生的学习情况以及认知水平，因此改善教师的教学结构也是亟须解决的问题。

第三部分　课题研究

研究的理论依据如下。

（一）自主构建原理

学习者在原有知识、经验的基础上，借助与他人、社会的交往互动，通过主动探索，对当前所学知识及其意义，在深刻领会的基础上，内化为自身的经验，形成自己的知识和能力结构。

（二）以学论教原理

主张学放在首位，把学习的主动权交给学生，教是为了学，基于学，根据学来研究、确定怎样教，引导和推进学，使教师真正成为学生学习的参与者、引导者、服务者和辅助者。

（三）情智相生原理

教学要通过调动学习者内在的以思维为核心的智力因素和以情感为核心的非智力因素，凸显数学是"思维的体操"，情生智、智激情、情智相生，在思维的碰撞激荡中促进其内在心智结构等的和谐发展。

（四）最近发展区原理

强调现有发展水平和潜在发展水平之间不是一个恒量，而是一个因教师而不同、因情境而增衰、因资源而有异的变量，因而教师帮助和引导学生，使之得以最大限度的拓展与升值。

（五）互慧共进原理

强调教学相长、合作学习、共学共进，不为突出学生主体而忽视教师的引导作用。

第四部分　教学法实操研究

一、编制财大附中数学教学常规，提升教学法本土化应用水平

云南财大附中数学教学常规实施要求（试行稿）

数学是研究数量关系和空间形式的科学。数学是以现实世界中的数与形为研究对象，在抽象、推理、应用的往复循环中逐步建立起来的一门科学。

在基础教育阶段，数学课程是一门主要课程，它对学生的整体发展、长远发展以及当前学习其他课程具有奠基意义，对培养学生的抽象能力、推理能力、创造能力以及辩证唯物主义世界观、方法论等具有独特作用。本课程面向全体学生，着眼于促进学生全面、和谐、主动地发展，致力于使每个学生获得必需的、与个性发展相适应的数学，同时得到基本素质的培育和提高。

因此，数学教学已从注重数学知识的传承转到更加关注可持续发展和创新能力的培养，数学课程必须积极反映这一变化，为学生进行创造性学习拓宽渠道，

并鼓励学生奋发进取。在确保所有学生都能获得必备的数学基本知识的同时，初中数学教学应适当安排拓展性的数学内容，开阔学生的数学视野，发展学生的兴趣爱好；将《义务教育数学课程标准（2011年版）》（以下简称《标准（2011年版）》）中有关研究性学习的理念切实地落实到中学各年级段的数学教学之中。

一、备课

教师应该深入钻研《标准（2011年版）》，在熟读、钻研教材的基础上，全面把握知识教学的要求，知道数学知识的存在形式有显性和隐性两种，即相应地有"明确知识"和"默会知识"。应根据学生实际和教学的不同阶段，确定教学目标和教学的重点、难点，写好教案或教学设计。

（一）目标设计

中学数学课程标准是开展数学教学活动的指南，也是制定教学目标的依据。教师应根据数学课程标准确立的由"知识与技能""过程与方法""情感态度与价值观"三个维度构建的课程目标，以及教材和学生的实际情况，全面理解、整体把握各阶段的教学目标，具体制定章、单元和每节课的教学目标。

1. 在制定教学目标时，应包含三个维度的内容

具有全面性，适切性，简明、朴实和有数学的特点。每节课的教学目标的表述应清晰、具体，显性描述知识技能的教学要求；应切实提出主要的过程经历；应列出伴随过程而进行的能力培养、数学思想方法渗透、情感态度教育等方面的要求；在考虑培养学生数学基本能力的同时，还要发展学生的探究能力、交流沟通能力和批判反思能力。

2. 制定教学目标时，应确定数学课堂教学内容

教师应考虑在课堂教学时让学生学习最有生长力的数学基础知识和基本技能；如何化解学生在数学学习时可能遇到的困难；设计有效的教学方法和技术来帮助、促进学生的数学学习；渗透数学思想方法，发展学生的能力和提高学生的思维品质；适时进行思想品德和科学态度的培养。

在制定教学目标时，所提出的目标要求，应符合学生的认知发展水平和心理特征，体现先进的教学理念，并具有针对性、层次性和可操作性；要明确教学的基本要求和发展性目标，反映统一性和个性化学习的需要。

（二）过程设计

教学是由教师指导的学习过程，学生是学习的主体。数学教学就是教师引

导学生进行数学活动，在师生之间、学生之间的积极交往和互动中，完成学习任务，实现共同发展。

1. 在数学课堂教学中，教师担负着教的职责，起着主导作用

教师要为学生提供真实的数学情境，要积极引导学生经历数学化、再创造的活动过程；提供反省活动的机会，要留给学生质疑、讨论、思考的时间和空间；要认真履行对学生数学学习的组织、交流、支持、点拨、咨询、促进等责任。

2. 在数学教学过程中，教师要精心设计问题

设计的问题要有层次性，有利于不同水平的学生进行思考和探究；有明确指向，有利于学生开展议论和理解数学；问题的提出要适度，符合学生探索求知的需要，既有思考性又有可行性，既能引起学生学习兴趣又能引起认知冲突；要鼓励学生从不同的视角、用不同的思路和方法去分析问题与解决问题；要由教师提出问题逐渐转向由学生发现问题、提出问题、给出解决问题的方案。

3. 在数学教学过程中，教师要赞赏学生自主学习数学的行为

教师要提供学生自主学习数学的空间和时间；重视培养学生自己获取知识和运用知识的能力；关注学生学会把实际问题抽象为数学问题的方法。

4. 在数学教学过程中，教师应充分关注知识发生的全过程

应充分展现数学基本概念的抽象和概括过程；展现数学基本原理的归纳和推导过程；展现数学解题思路的探索和分析过程；展现数学基本规律的发现和总结过程；展现数学模型的建立、求解和解释过程。

5. 在数学教学过程中，教师要把教学视为引导学生参与知识形成的活动过程

要积极实施启发式、讨论式和开放式的教学，促进学生主动学习；鼓励学生在观察、分析的基础上，对数学的结论进行归纳、猜测、论证；指导学生阅读课本，对知识深入理解、系统整理，进行反思、质疑，帮助学生改进学习方式。

6. 在数学教学过程中，教师应在现代信息技术的背景下考虑教学问题

在情境引入、操作实验、问题展开、探索研究、归纳反思等各个环节中，要充分、有效地运用现代信息技术；要充分利用网络资源，服务数学教学，同时拓展学生的数学视野，发展学生自主学习的能力。

（三）教案书写要求

在重视教学设计的基础上，教案应包括以下主要内容。

1. 教学目标

2. 教学重点、难点

3. 教时安排

4. 教学构思及手段运用

5. 教学过程（步骤）

6. 反馈教学效果的练习

7. 教学后记

二、数学基本课型的特点及教学要求、授课模式

（一）数学基本课型的特点及教学要求

1. 概念课——体现学生的学习活动是在进行"代表学习"和"概念学习"

（1）通过"概念学习"，把作为新知识中的概念，正确地、初步地转化为学生自身认知结构的概念体系里的概念。

（2）通过"代表学习"，对概念的文字、语言叙述或概念的定义能初步理解，掌握这些数学概念所对应的数学符号及这些符号的书写、使用方法。

教师应遵循学生认知心理规律的四个发展层次："感觉—知觉—观念（表象）—概念"；对新概念的引出或归纳，应遵循数学概念发生的自身规律，贯穿辩证唯物论的思想。

2. 公式、定理课（命题课）——体现学生的学习活动是在进行"命题学习"

通过"命题学习"，进一步了解概念与概念之间的内在联系及其演绎规律，掌握几个概念之间所存在的某些定律或联系法则。——通过各种有效的教学手段，把主要的精力和时间用在公式、定理推导、证明的全过程上；让学生准确地掌握命题的条件部分和结论部分，了解公式、定理中条件的性质和作用，掌握公式变形的各种形式。

教师应遵循以下两个规律：一是以一般的原理为前提，推求到某个特殊场合做出新的结论的演绎推理规律；二是以若干特殊场合中的情况为前提，推求到一个一般的原理原则作为结论的归纳推理规律。应抓住本节所讲的公式、定理在体系中的"最近发展区"，寻根问源，以旧知识为基础创设问题情境，由此导出和启发学生理解新的公式定理。

3. 例、习题课（解题课）——体现学生的学习活动是在进行"解决问题学习"

（1）应着力展现解题思维的全过程，充分发掘数学教材中没有具体表述的能力、智力的教育因素，注意对解题策略、思维方法、解题技巧等进行分类、归纳、评价。

（2）根据例、习题的难度、学生的知识基础及思维能力水平，铺设合适的梯度，设计好同类知识的训练题组。

（3）应让师生共同交流解题思维的全过程，引导学生自己动脑、动手、动口，积极参与解题教学活动；引导学生自我评价、优化解题思路，改进解题策略，从而寻求最优的解题方法。

教师应遵循由浅到深、由简到繁的认知规律；应用"迁移"规律，促进学生知识的掌握和技能的形成；突出"精讲多练"。

4. 复习课——围绕的教学内容是学生过去学过的或曾经学过的知识

（1）注意针对性。针对所要复习内容的特点，设计复习的方式方法。

（2）突出功能性。复习课的功能是：查漏补缺、矫正偏差、防止误解；归纳梳理、形成知识网络；概括提高、综合拓展、灵活运用，最终落实在提高学生的数学思维品质和解决问题的能力方面。

教师应遵循"循环出现—螺旋上升—不断深化"的认知规律；针对"遗忘"的规律，恰当而适时地安排好复习课。

5. 讲评课——是学生继续学习过程中的一个"加油站""休整期"，是师生教学双方的一个"反馈—矫正"的过程

（1）评讲的材料（教学内容）主要来源于本班学生的习作。

（2）针对性强是讲评课的又一特点。

（二）财大附中数学组高效课堂的几种授课模式

1. 新授课："自学—合作—展示—反馈"教学流程模式

（1）自学——学案引领，自主学习。

（2）合作——组内交流，完善学案。

（3）展示——展示点评，达成共识。

（4）反馈——当堂检测，及时反馈。

2. 习题课："自主—合作—展示—反馈"教学流程模式

(1) 自主——自主练习，精讲精练。

(2) 合作——组内交流，完善方法（一题多解、一解多题）。

(3) 展示——展示点评，达成共识。

(4) 反馈——当堂检测，及时反馈。

3. 复习课："自补—合作—展示—反馈"教学流程模式

(1) 自补——自主复习，查漏补缺。

(2) 合作——组内交流，完善学案。

(3) 展示——展示点评，达成共识。

(4) 反馈——当堂检测，及时反馈。

4. 讲评课："自纠—合作—展示—反馈"教学流程模式

(1) 自纠——公布答案，自纠错误。

(2) 合作——错题解剖，组内交流。

(3) 展示——展示点评，达成共识。

(4) 反馈——当堂检测，及时反馈。

教师应充分调动学生的学习积极性，及时纠正学习上的错误，起到承前启后的教学转折作用；应体现非智力因素培养的一般规律，应用"最近发展区理论"，打造高效课堂；通过一题多解，体现"发散思维"，以此激发学生的思维，培养良好的思维品质。

教师应注意教育的方式和方法，应当让学生越来越喜欢数学，把数学融入他们的生活，使学生能灵活应用它来思考生活和以数学的方式解决困难与问题。

"通过数学教师的教学活动能让学生感受到数学好玩，再通过教师的引领能让学生玩好数学，用好数学。"这应该作为财大附中数学教师向往和追求的愿景。要实现这一美好目标，教师要从教学设计研究入手，提高数学课堂教学的有效性，打造优质高效课堂。

三、作业与测评

（一）作业

（1）教师要精心选择习题，用好课本中的习题，应考虑学生的个体差异和不同层次的需要，设计分层次和多样化的训练，同时重视变式训练，使所有学生都能得到发展。

（2）练习要适量，作业布置要适度，要控制作业的深度和难度，使大部分学生能在一小时内完成。

（3）数学练习的方式不应只局限于对习题的演练，还可以安排动手制作、论文写作、书面小结归纳、考后对试卷的分析小结、改错、自主研究、数学阅读、查找资料、收集信息、处理数据等作业，使作业多元化。

（二）批改

教师应该认真批改每一个学生的作业，画出学生作业错误之处，做出批注；有错误的作业必须订正后再次批阅，直至正确；对于错误率较高的学生，应当面纠正其错误，实施面批，直至正确。

（三）测评

1. 每学期实行月考、期中、期末考试制度，各年级备课组在每学期开学做好本学期课程规划，加强集体备课和讨论，统一教学进度。考后备课组认真进行质量分析，做好质量反馈，查漏补缺，及时调整教学。

2. 命题要根据各年级教学要求，突出重点，考查重点知识和核心知识，基础题占 70% ~ 80%，提高题占 20% ~ 30%，不出偏题、怪题。

3. 评价应多样化。可采用的方法有：

（1）书面考试，作业检查；

（2）展示手工制作、专项设计和人机结合的作品；

（3）评议数学学习的小结、数学实践活动的报告、数学专题研究的小论文；

（4）评议课内外进行数学学习的态度、行为、习惯、方法等。

对学生学习过程中的学习态度予以一定的评价，以促进学生的数学学习；对学生的练习、考试的评价，不仅看其考试的结果，还应该对个别学生的进步情况做出鼓励性评价。评价结果的呈现应将定性与定量相结合，要重视利用成长记录和评语来描述学生的进步，通过评价引导学生进一步地发展。

（四）课后作业的设计原则

（1）练习的典型性、示范性与代表性。

（2）练习的针对性，体现本堂课的核心知识、主干知识。

（3）练习的精简性，数量少而精，减负提质。

（4）习题的多样性与灵活性。

（5）例题、习题是数学应用性的体现。

（6）恰当分层，满足不同层次学生的需要。

（7）教师自己来设计编写部分适合本校学生实际的例题和同步练习，题不求多、不求难，力求从基础知识、基本技能、基本数学思想方法入手，注重数学的核心知识、重要内容重点演练，加强数学教与学的有效性，让学生只要稍加努力便可顺利解决，经常有成功的喜悦。毕竟，保持高昂的学习兴趣才是教学中最为宝贵的东西。

四、教师素养

提高教师的素质和水平，是数学教育成功的关键。

（1）数学教师要有崇高的事业心和高度的责任感，敬业爱生，勤奋踏实，勇于改革，不断进取。

（2）数学教师要有扎实的知识功底和精湛的教学技艺，善于高屋建瓴，深入浅出，引人入胜。

（3）数学教师应该更新观念，才能在数学课程实施中有积极、自觉的行动。

（4）数学教师应该对数学有深刻的理解并掌握现代信息技术的应用（如几何画板、超级画板、玲珑画板、图形计算器、IT 计算器、PPT、Excel 等教学辅助软件或设备），才能在教学中有创新的设计并获得较大的成功；数学教师应该对教学有反思的习惯和能力，才能在教学实践中不断取得进步和提高。

二、设计合理的课堂提问，以问题为纽带的教学要求

构建适度引导的提问设计方案，促进问题为导向的教学方法落地。

1. 有效的课堂提问的标准

（1）提出更少的问题；

（2）提出更好的问题；

（3）提问要有广度；

（4）有合适的等候时间；

（5）选择恰当的学生；

（6）给予有用的教师反馈。

2. 提问概述

（1）提问是教师根据教学内容的目的要求，以提出问题的形式，通过师生

相互作用，检查学习、促进思维、巩固知识、运用知识实现教学目标的一种教学行为和方式。

（2）提问是课堂教学的重要环节，是教师与学生交流的一种重要方式。

3. 提问的类型

（1）回忆性提问；

（2）理解型提问；

（3）运用型提问；

（4）分析型提问；

（5）综合型提问；

（6）评价型提问。

4. 提问设计的原则

（1）目的性；

（2）明确性；

（3）启发性；

（4）层次性；

（5）系统性；

（6）针对性。

5. 课堂提问的三种模式

（1）"师—生"课堂提问模式；

（2）"生—师"课堂提问模式；

（3）"生—生"课堂提问模式。

6. 对提问思考学生激励性建议语言

（1）你的眼睛真亮，发现这么多问题！

（2）能提出这么有价值的问题，真了不起！

（3）会提问的孩子，就是聪明的孩子！

（4）这个问题很有价值，我们可以共同研究一下！

（5）这种想法别具一格，令人耳目一新，请再说一遍好吗？

（6）多么好的想法啊，你真是一个会想的孩子！

（7）猜测是科学发现的前奏，你们已经迈出了精彩的一步！

（8）没关系，大声地把自己的想法说出来，我知道你能行！

（9）你真聪明！想出了这么妙的方法，真是个爱动脑筋的小朋友！

（10）你又想出新方法了，真会动脑筋，能不能讲给大家听一听？

（11）你的想法很独特，老师都佩服你！

（12）你特别爱动脑筋，常常一鸣惊人，让大家禁不住要为你鼓掌喝彩！

（13）你的发言给了我很大的启发，真谢谢你！

（14）瞧瞧，谁是火眼金睛，发现得最多、最快？

（15）你发现了这么重要的方法，老师为你感到骄傲！

（16）你真爱动脑筋，老师就喜欢你思考的样子！

（17）你的回答真是与众不同啊，很有创造性，老师特欣赏你这点！

（18）××同学真聪明！想出了这么妙的方法，真是个爱动脑筋的小朋友！

（19）你的思维很独特，你能具体说说自己的想法吗？

（20）这么好的想法，为什么不大声地、自信地表达出来呢？

（21）你有自己独特的想法，真了不起！

（22）你的办法真好！考虑得真全面！

（23）你很会思考，真像一个小科学家！

（24）老师很欣赏你实事求是的态度！

（25）你的记录很有特色，可以获得"牛津奖"！

三、融入布鲁姆提问法，检测学生是否听懂

每次问学生今天讲的听懂了吗？都说听懂了，可一到考试就又忘了，只能考个及格。不少教师都在想："到底有没有一种快速、通用的方法来判断学生是否真的懂了呢？"

著名的心理学家布鲁姆曾提出五个提问法来判断学生是否真的理解了知识，这个方法至今仍在全世界采用。在教育学界，我们比较普遍地使用布鲁姆的"教育目标分类法"来判断学生对一个知识点的精通程度。教育目标可以分为六个层面，记住（remember）、理解（understand）、应用（apply）、分析（analyze）、评价（evaluate）和创造（create）（见图3）。

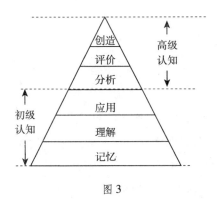

图 3

在这之前，我们需要先了解一下学习的两种方式。

1. 什么是记忆性学习

记忆性学习，就是教师说的什么，书本上写的什么，学生经过大脑处理完说出来还是一模一样。它就像复印机在处理文件一样，上面是什么样，下面出来的一模一样。输入和输出的内容是完全一致的。

在学生的学习中，背诵古诗文、定义、定理等都属于记忆性学习。记忆性学习是有必要的。但如果在学习的过程中全是或者大部分都是记忆性学习，时间长了就会发现大脑的内存不够，记不住，而学习的内容却越来越多。如果运用理解性学习，这个问题就迎刃而解。

2. 什么是理解性学习

理解性学习是指不管是教师讲的，还是课本上学的，到你的大脑以后，进入大脑进行处理，以相同的意思，以另外一种方式输出。

它们最大的区别如下。

理解性学习——输入和输出意思一样，表达语言不一样。

记忆性学习——输入和输出一模一样。

理解性学习更能让学生记得牢固，考试的成绩自然更好。那么如何才能快速判断学生用的是哪种学习方式呢？

3. 布鲁姆提问法

布鲁姆提问法一共有以下五个步骤。

（1）解释

用不同的话把教师讲的、书上的话用不同的方式表达出来，就是解释。比如，把老师说的话变成自己的话；把文字的话变成图形的话；把文字的话变成符文的话等。

通常可以问学生如下两个问题。

① 你可不可以用自己的话来解释今天所学的内容?

② 你可不可以画一张简单的图来解释今天所学的内容?

比如,一元一次方程的定义。就可以问学生:

"你可不可以用自己的话来解释一元一次方程的定义?"

如果学生按书中的课本背下来,这只能说明他记住了,不能代表他理解了。他必须把它转化成自己的话才表示他理解了。

(2) 举例

问:你可不可以举个例子来说明一下今天所学的概念?

一定要让学生列举教师课上没有讲过的、课本中也没有的例子来证明他对概念的了解。因为如果课本上有,并不代表他理解了,他可能只是记住了例子。

无论什么问题,都可以这样问。

(3) 总结

总结是对一长串的东西的要点进行提炼,会总结的人学习通常都会比较好。因为他能化复杂为简单,能把大段的东西以要点的方式归纳起来,他就不需要大量的记忆。

教师可以通过两个问题循序渐进地引导。

问:你知道一元一次方程的定义吗?

学生可能会直接背书中的定义来回答。

这时教师可以再问:

你能不能总结一下一元一次方程的定义,第一点是什么,第二点是什么,第三点是什么,并以关键词的形式呈现出来?

这时学生就会陷入思考,把概念在大脑中整理一遍,再讲出来,这就说明他理解了。

(4) 比较

把过去学的东西和现在学的东西进行对比,找出它们的相同部分是什么,不同部分是什么就是比较。从你的理解角度看,你只要理解了它们的相同部分和不同部分是什么,你对知识的理解就非常容易。你就能把之前学的知识和现在学的知识建立紧密的联系。比如:

问：你能不能比较一下一元一次方程和一元二次方程的定义，它们的相同点是什么，不同点是什么？

学生能够说出来，就代表他理解了一元一次方程。

（5）问为什么

不断地问为什么。为什么一元一次方程是这样？

掌握这样的方法，教师就能避免经常在对话中问学生你懂了吗，学生说懂了。其实他自己也不知道懂没懂，考试的周期又很长，等到考试时可能早忘了。而通过这种方法就可以快速检测学生是否懂了，从而把问题在平时就可以抓住、搞懂、消灭。

4. 学生也可以用的方法

布鲁姆提问法，不仅适用于教师、家长向学生提问，也适用于学生向教师提问。

试想一个学生课后来找你，"老师，今天你讲的内容我没有听懂"，想让你再跟他讲一遍。当你再像上课时那样给他讲一遍，他可能还是听不懂。再多讲几篇，你放慢语速给学生解释，他却还是听不懂，真是让人崩溃。

如果用上布鲁姆提问法，你可以：

画个简图给学生再讲一遍相同的问题。

举个例子讲给学生听。

总结出几个要点。

……

这将会大大提高教学的效率。

当然，最好是把这个方法告诉学生，让学生用这种方法来向你提问。你也能清楚地知道用哪种方法讲，学生更容易理解。

并且学生用起来还有另外两个好处。

（1）用这种方法自问自答，检验是否理解所学内容

"我能不能总结一下今天所学的一元一次方程？"

……

如果学生在学习中建立起长期的这种习惯，他就会在学习中不断地以这种问问题的方式来确认自己是不是真的理解了。这样可以把书从厚学到薄，把需要学的大量的知识变成自己的理解沉淀在脑中。

（2）同学之间相互学习效率提高

如果一名没听懂的学生问另一名听懂的同学：一元一次方程我没有听懂，你能不能举个老师没有讲的例子给我讲一下？

那么这名听懂的学生也会在这个问题上再想一遍，"我举一个什么样的例子跟他解释"。这会大大加深他对知识的理解。

假如这名不懂的学生直接问"我不会"，很可能另一名学生还是会照着书本中的讲一遍，效果就差很多。

布鲁姆提问法可以说是受用终身，无论是跟老师、家长、学生交流，这个方法都可以迁移到所有学科。

四、规范教学设计，让教学法本土化有实操性

（一）进行教学设计，需要搞清楚的问题

（1）每堂课的教学目标、重点和难点；

（2）为什么教？教什么？怎样教？

（3）依据《课程标准》，结合教材和教学内容，怎样设计有思维量的问题串，引导教学？

（4）教学中怎样恰当处理"预设"与"动态生成"这一对矛盾统一体，让教学效益最大化？

（二）教学设计框架结构

教学设计框架结构如图 4 所示。

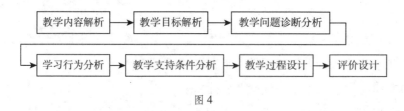

图 4

（三）教学设计内容

1. **教学内容解析**

围绕教学内容做简要说明，并对该内容在中学数学中的地位进行分析，其中隐含的思想方法要做出明确表述。在此基础上阐明教学重点。这里要在整体框架结构的指导下，围绕当前内容，从数学上进行微观分析。

2. 教学目标解析

（1）用"了解""理解""掌握"等行为动词表述目标，并重点对相应的行为动词进行分层解析，即结合具体内容对"了解""理解""掌握"的含义做出具体解析。

（2）目标不宜分为"知识与技能""过程与方法""情感态度与价值观"，而应逐条列出，强调把能力、态度等"隐性目标"融入知识、技能等"显性目标"中，以避免空洞阐述"隐性目标"，使目标对教学具有有效的定向作用。

3. 教学问题诊断分析

（1）根据自己以往的教学经验、数学内在的逻辑关系以及思维发展理论，对教学内容在教与学中可能遇到的障碍进行预测，并对出现障碍的原因进行分析。在上述分析的基础上指出教学难点。

（2）本栏目的内容应当做到言之有物，以具体数学内容为载体进行说明。

4. 学习行为分析

主要对学生应该做什么、能够做什么和怎样做才能实现教学目标进行分析。可利用问题诊断分析中得出的结论，基于对学生学习行为的课堂观察（学生学习时的外在表现），通过分析学生学习本内容的思维活动过程，给出本内容的学习中学生应该怎样思考和操作的具体描述。其中，应突出概念的思维建构和技能操作过程，突出思想方法的领悟过程分析。

5. 教学支持条件分析

为了有效实现教学目标，根据问题诊断分析和学习行为分析，分析应当采取哪些教学支持条件，以帮助学生更有效地进行数学思维，使他们更好地发现数学规律。当前，可以适当地侧重于信息技术的使用，以构建有利于学生建立概念的"多元联系表示"的教学情境。

6. 教学过程设计

（1）教学过程的设计一定要建立在前面诸项分析的基础上，做到前后呼应。

（2）要强调教学过程的内在逻辑线索，这一线索的构建可以从数学概念和思想方法的发生发展过程（基于内容解析）、学生数学思维过程（基于学习行为分析）两个方面的融合来完成。

（3）教学过程设计以"问题串"方式呈现为主。所提出的问题应当注意适切性，对学生理解数学概念和领悟思想方法有真正的启发作用，达到"跳一跳摘果子"的效果。

在每一个问题后，要写出问题设计意图（基于教学问题诊断分析、学生学习行为分析等）、师生活动预设，以及需要概括的概念要点、思想方法，需要进行的技能训练，需要培养的能力等。

这里，要特别注意对如何渗透、概括和应用数学思想方法做出明确表述。

（4）在教学过程中应当注意根据教学内容的特点进行设计。

例如，基于问题解决的设计、讲授式教学设计、自主探究式教学设计、合作交流式教学设计等。

7. 评价设计

课堂教学评价包括诊断性评价、过程性评价和终结性评价。

在教学设计中，课堂教学中的评价可以习题、练习为主。值得强调的是，对于每一个（组）习题或练习都要写明设计目的，以加强评价的针对性、有效性。

五、借助 WSQ 学习法和康奈尔笔记法，促进教学法稳步实施

（一）WSQ 学习法

WSQ 学习法由美国一名叫 Cristal Kirtch 的高中数学老师提出，全称"watch – summarize – question"，中文可翻译为"观看—摘要—提问"法。

WSQ 学习法分为如下三大步骤。

观看（watch）：当学生观看微课视频来学习的时候，指导学生可以通过暂停、倒带、重复观看微课的方式，直到充分记忆、理解微课中的知识点。

摘要（summarize）：在学生观看微课的时候，指导学生随时做笔记记录重点，观看微课之后整理摘要。

提问（question）：首先鼓励学生提出他在微课学习中不懂的部分，主动思考并提出问题。可以由学生举手帮助解答，或者进行小组讨论学习。

判断一个学生是被动学习者还是主动学习者，一个很重要的标志，就是他会不会主动地去提出问题。而"提问"这个步骤，就是鼓励学生记录下他在自主学习中不懂的问题，和他觉得想要进一步思考的点。问题提出后，第二天课

上就可以在同学之间小组讨论解答，或者请教师做一个补充的答疑。

（二）康奈尔笔记法

在上面的 WSQ 学习法里，做笔记也是很重要的一个部分。那么教师有没有什么方式可以指导学生更好地去记录笔记，并更高效地去掌握学习的知识呢？

答案是有的，比如接下来要介绍的康奈尔笔记法。强烈建议各位教师指导学生，学会用这个方法来学习。

康奈尔笔记法是由康奈尔大学的 Walter Pauk 博士发明，这种记笔记的方法广泛运用于上课、读书、复习、记忆等地方。它还能让你的笔记系统化，让你不知不觉参与到知识的创造中去。在提高你的学习效率的同时，还能帮助你得到预期的学习效果。

图 5 就是康奈尔笔记模板，左侧是提问，右侧是知识要点，底部是笔记总结。

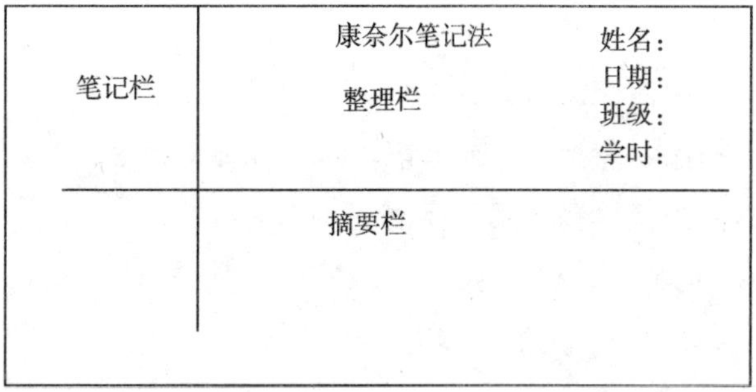

图 5

康奈尔笔记法又称 5R 笔记术，5R 笔记术从五个阶段来运用上面的三栏笔记格式。从工作笔记术的角度来看，5R 笔记流程如下。

record（记录）：在最大的笔记栏中先进行快速直接的记录与收集。

reduce（简化）：在左边较小的整理栏中把重点提炼出来。

recite（背诵）：通过重点与资料的对照，转化出可以执行的重点行动。

reflect（补充）：对整体策划有了了解后，在下方摘要栏做总结，或是延伸补充。

review（复习）：这样一则以康乃尔笔记法写成的笔记，可以让学生事后回顾与复习时更容易抓到重点，提高效率，节省大量时间。

六、高效课堂标准及应用

高效课堂的概括：

知识的超市、生命的狂欢。

高效课堂的特点：

A. 三高：高效率、高效益、高效果

B. 三动：身动、心动、神动

C. 三量：思维量、信息量、训练量

D. 三特点：立体式、快节奏、大容量

E. 三学：肯学、想学、学会

F. 减负：轻负担、高质量；低耗时、高效益

高效课堂的几种常用法：

1. 新授课："自学—合作—展示—反馈"教学流程法

（1）自学——学案引领，自主学习。

（2）合作——组内交流，完善学案。

（3）展示——展示点评，达成共识。

（4）反馈——当堂检测，及时反馈。

2. 复习课："自补—合作—展示—反馈"教学流程法

（1）自补——自主复习，查漏补缺。

（2）合作——组内交流，完善学案。

（3）展示——展示点评，达成共识。

（4）反馈——当堂检测，及时反馈。

3. 习题课："自主—合作—展示—反馈"教学流程法

（1）自主——自主练习，精讲精练。

（2）合作——组内交流，完善方法（一题多解、一解多题）。

（3）展示——展示点评，达成共识。

（4）反馈——当堂检测，及时反馈。

4. 讲评课："自纠、合作、展示、反馈"教学流程法

（1）自纠——公布答案，自纠错误。

（2）合作——错题解剖，组内交流。

（3）展示——展示点评，达成共识。

（4）反馈——当堂检测，及时反馈。

高效课堂让学生获得"四基"，增强"四能"。

新的课程标准中明确提出了让学生获得"四基"（基础知识、基本技能、基本思想、基本活动经验），增强"四能"（发现和提出问题的能力、分析和解决问题的能力）、培养科学态度的总体目标，这是数学教学育人目标的具体体现。

实践证明，重视教材，通过教学设计潜心研究教学，聚焦课堂，将"考什么教什么"向"教什么考什么"转变才是教学的正道，才能优化教学设计。围绕课程核心内容，全面联系课程设置的其他内容，注重数学思想方法全面展开教材教学，发挥教学的育人功能，学生自然会对数学感兴趣，课程目标也将能够较好地实现。

高效课堂突出核心内容，问题引导教学：

（1）分别从学科内容、板块内容和单元内容三个层次出发，把握不同层次的核心内容，并提高对内容本质的认识。

（2）结合教材中的"思考""探究"问题，重新设计围绕核心内容的课堂教学问题。

（3）用问题引导教学，使教学不拘泥于教材的细枝末节，而是围绕核心内容的问题展开，让教学过程变为围绕问题进行思考、讨论和解决的过程。

（4）实践证明，突出核心内容，用问题引导教学，完全可以解决课标教材内容多而教学时间不足的矛盾。

（5）厘清核心内容及其相关知识体系；从问题出发，建立主干和枝节的关系，以此提高对内容的认识，展开教学。

教师要意识到：题海式的训练已经成为阻碍素质教育的痼疾，高耗低效的熟练度训练与高中数学育人功能背道而驰。教师应从根本上改变对数学学习的认识：数学是一门基础学科，它的内容和方法在社会生活中有极其广泛的用途；数学是思维的体操，更是一门艺术。有效的教学除了让学生掌握数学的知识结构外，更应注重学生思维方式和方法的培养，并有效促进数学思想与数学观念的形成。同时教师应注意教育的方式和方法，应当让学生越来越喜欢数学，把数学融入他们的生活，使学生能灵活应用它来思考生活和以数学的方式解决困难与问题。

数学教学的一个很重要的任务，就是教会学生如何解数学题，教会学生"数学的思维"，培养学生应用数学的意识。数学学习的过程就是不断地提出问题、研究问题、求解问题的过程。我们学习数学的成效也主要是通过解决数学问题的水平来评价。因此，时代要求我们必须把如何提高数学教学效率放在重要地位，所以立足数学教育实践，脚踏实地研究数学教学，打造优质高效课堂具有重要的现实意义。

通过问题引导教学，努力打造高效、精彩的数学课堂，教学中注重学生思维方式和方法的培养，并有效促进数学思想与数学观念的形成，尽力让更多的学生越来越喜欢数学。

七、学法指导及实操

通过教学实践，总结一个可推广、操作性强的一般方法对学生进行学习数学的方法指导，让学生有效甚至高效地进行数学的学习，从而提高教师的教学效率。在教师科学有效的指导下，学习数学成为学生的一种兴趣和爱好，从中培养学生的数学情感，让学好数学能够成为众多学生的一个目标。

通常指导学生数学学习的一般方法为：课前认真预习→高效率听课→课后及时复习→通过认真做作业进行巩固和提高→纠错和反思→反馈和交流→阶段总结及复习→自主学习。

每个人都有不同的数学学习方法，因此，教师在对学生进行指导时要结合学生的认知特点和学习习惯，在一般方法上加以改进，帮助学生逐步形成自我完善的数学学习方法。下面是财大附中在教学实践活动中对学生数学学习方法指导的一些尝试和做法。

1. 对学生预习环节的指导

教师对第二天要上的内容布置预习（最好是教师设计好预习学案，并在新课前检查学生的完成情况），预习的内容主要是让学生先阅读新课内容，做到初步理解，对重要概念、公式、法则、定理反复阅读，初步体会新课中的数学思想和方法，思考新知识的形成过程，了解课程内容的重、难点，新旧知识的联系及新知识在学科体系中的地位与意义，对难以理解的概念做出记号，以便带着疑问去听课。学有余力的同学可再做课后练习，通过练习来检查自己预习时掌握的情况，最后要求每个学生都能够提出一些在预习过程中有疑惑的问题，带着这些问题去听课。

2. 对学生听课环节的指导

教师一方面要提高教学的水平和效率，另一方面也要适时地在课堂教学时给予学生指导。帮助学生养成集中注意，专心听讲，积极思考，努力当课堂主人的习惯，认真思考教师提出的每一个问题，自主探究，大胆举手发表自己的看法，与同学合作交流，积极参加课堂讨论，听课时要做好学习笔记，记笔记尽量完整而简洁，一般要记下重要概念、核心知识、核心方法和典型例题等，以便课后复习。

3. 对课后及时复习环节的指导

对教师讲授的主要内容，在全面复习的基础上，抓住重点和关键，特别是听课中存在的疑难问题更应彻底解决。重点内容要熟读牢记，对基本要领和定律等能准确阐述，并能真正理解它的意义；对基本公式应会自行推导，晓得它的来龙去脉；同时要搞清楚知识前后之间的联系，注意总结知识的规律性。并且要同时复习头一天学习和复习过的内容，使新旧知识联系起来。通过归纳、整理，使知识系统化，真正成为自己知识链条的一个有机组成部分。

4. 对学生做作业环节的指导

通过作业不仅可以及时巩固当天所学知识，加深对知识的理解，更重要的是把学过的知识加以运用，以形成技能技巧，从而发展自己的智力，培养自己的能力。要求学生先进行新课的复习，然后完成作业，做作业时必须做到：态度认真，独立思考，认真审题，推理严谨，耐心准确地计算，减少错误，书写认真，格式规范。

5. 对学生纠错和反思环节的指导

教师在对学生的作业进行批改时不应该是简单而又机械地劳动，也不应该是简单地打"√"或"×"。教师在批改作业时应对学生作业态度、作业反映的数学思维和学生对所学的知识正确理解与否、作业情感等方面给予关注。批改作业时，应遵循"及时批改，快速反馈"的原则，批改作业的方式可多样化，如精心批阅、随堂批阅、面批、教师指导下自主批阅、分层批阅等。对批改的作业进行评价时除了有等级或分数外，还要有简短的鼓励性评语。作业批改完成后，教师通过个别反馈和集体评讲后，让学生对做错的题目进行纠错和反思，要求学生整理自己的错题本，对错题进行回收处理，方便以后的复习和巩固，从而帮助学生快速有效地掌握所学知识。

6. 反馈和交流

这应该是师生双方主动进行的。一方面，教师要鼓励学生把学习中的问题、疑问和困惑与教师进行交流，学生可以提出自己对新学知识的一些看法和见解，甚至可以是对教师教学的一些意见和建议；另一方面，教师可以建立学生学习数学的小档案，具体做法是：根据学生课堂学习表现、作业反馈情况等，每天选定 1~3 个学生进行访谈，谈话的内容可以是学习、思想或生活等方面的一些轻松话题，这样的方式有助于加强师生交流，增强学生数学学习的情感，达到"亲其师而信其道"的效果。除了口头交流外，还可以与学生进行书面交流，如让学生写数学周记，在数学周记里写出他们在数学学习过程中的情感、态度、困难之处或感兴趣之处，记录下他们在数学学习过程中的成功与失败，写下他们对学业期望的看法和观点、对进步的自我评估、不清楚的地方、重要的新认识，等等，反映出他们数学学习的历程。教师再将学生的问题、意见和建议在学生学习数学的小档案中进行记录和整理。建立学生学习数学的小档案能更加准确有效地对学生的学习进行指导，同时也能改进自己的数学教学。

7. 对学生阶段总结及复习环节的指导

指导学生具有"温故而知新"的意识，养成当天的功课当天复习、在课程进行完一个章节以后，要把全章的知识要点进行一次全面复习、期中复习、期末复习以及假期复习。复习过程中，要求学生做到：解决问题、弄懂疑点、不留"死角"，对所学知识进行系统的整理和巩固。

8. 指导学生自主学习

在搞好课内学习的基础上，适当进行课外学习，可以开阔自己的知识领域，发展个人的兴趣、爱好和特长，同时对课内学习也会起到有效的促进作用。学习过程中教师要大胆放手，多给学生一点时间和机会进行体验、感悟和思考。学生能读懂的尽量指导学生自己去读、去思考，去领悟其中的道理，以培养学生的自学能力。学生能分析的题目尽量让学生动手动脑、独立分析完成，以培养学生分析问题、解决问题的能力。学生能归纳概括的知识结构、解题规律，尽量让学生自己去归纳总结，以培养学生概括、总结的能力。学生能探索到的新知识、新方法尽量鼓励他们去尝试、去探索，以利于他们获得成就感，激发更浓厚的学习兴趣，从而形成勇于探索、钻研的习惯。

通过这种学法指导，一方面注重了对优秀学生的培养；另一方面也重视了学困生的转化，最大限度地调动学生学习数学的积极性和主动性，激发学生的思维，培养学生自主学习、自我探究能力，为学生发挥聪明才智提供和创造必要的条件。

八、单元整体教学依据及设计思想

单元整体教学就是根据学生的已有数学认知结构和学习能力，对教材进行深入剖析，挖掘学科本质，将相关联的知识点重新进行统整和创编。关注知识之间的整体性和结构性，突出单元"主题"，以"学科核心素养"培育目标为导向而进行的教学优化行为和思想。

数学学科核心素养是数学育人价值的集中体现，是学生通过数学学习而逐步展现出来的思维品质、学习能力和情感、态度与价值观，是学生在数学学习和迁移应用的过程中逐步形成与发展的。这就要求数学老师必须跳出数学看数学，以统整的观念对数学教材进行适当创编，使数学教育不再局限于知识本身，从而实现数学内部知识之间的融会贯通。

单元整体教学基于统整的视角，依据学生的已有数学认知结构和学习能力，深度挖掘数学知识本质，确立与数学学科核心素养体系相对接的单元教学"主题"，以确保学生学习内容的整体性和结构性。教师在此基础上，对学习内容进行合理规划、调整，超越学科特性，满足学生的个性化学习需求，发展学生的数学思维。

华东师范大学课程与教学研究所钟启泉教授认为，传统的"课时主义"把教学内容碎片化地当作知识点来处置，缺乏"全局性展望"。而单元设计可以打破"课时主义"的束缚，在单元设计中，决定性的环节是基于"核心素养"整合不同的"教学方略"。因此，"核心素养"才是教学的共同追求与最大的优先事项。东北师范大学教育科学研究院马云鹏教授也认为，教师需要以统整的观点看待知识内容对学生的整体要求和影响，突出单元学习主题的关键与重点问题，避免知识和学习方法的不必要重复，为学生提供多元的、综合的学习素材，并帮助学生画出一个单元学习主题内容清晰的、连续的学习轨迹，打通知识到"核心素养"的通道。

　　培养学生的数学学科核心素养，需要以"单元整体教学"为载体，这个载体承载的不只是数学知识本身，更多的是数学思想、数学方法、数学思维方式以及学科基本属性。培养学生的数学核心素养，首先强调学生学习内容的有机整合，提倡将新概念与已知概念和原理联系起来，帮助学生整合到原来的认知结构中，从而引起学生对新信息的理解、保持和迁移。数学课程标准是符合我国国情，具有国际视野的纲领性教学文件，承载着先进的数学教育思想，是教师创编教材、实施单元整体教学的基本依据。系统论观念认为，任何系统都是一个有机的整体，它不是各个部分的机械组合或简单相加，系统的整体功能具有各要素在孤立状态下所没有的性质。学科知识之间也是一个完整、统一的整体，如果以单纯的知识点进行教学，将不利于整体把握单元学习主题，不能突出核心内容的整体目标和重、难点。因此，我们认为以"学科核心知识"为链接点进行单元整体教学设计是科学而系统的。

　　进行单元整体教学设计，一切教育都是为了学生，而一切教学活动都必须顾及学生，顾及学生的思维发展特点，顾及学生的认知结构和已有素养结构等。因此，在进行单元整体教学设计时，需要坚持"生本"原则，将学生放在首位，找寻适应他们发展且感兴趣的学习内容，实现学习效率的最大化，寻觅源自学习内部矛盾之间的关系，确立真正的有价值的富有挑战性的学习主题。"单元整体教学"是将相关联的知识点重新进行统整的一种教学优化方式和思想。虽然已经不是一种新事物，但是，却有唯一的价值，它可以帮助教师改变教学设计观念，优化教学结构，改变教学现状。同时，在"整体"的学习过程中，也培养了学生辩证联系的思想方法，发展了系统、稳定的学习能力。不过，我们却不能以"统一"的观念进行单元教学设计，"统整"不是"统一"，"统一"理念下的教学设计具有刻板、齐步走的特点，在课时教学中比较常见。因此，"统整"理念下的教学更追求灵活性和创造性。"单元整体教学"是一种教学优化方式，更是一种思想。"单元整体教学"有助于教师整体把握知识之间的紧密联系，整体设计学生的能力发展梯度；有助于实现知识间的有机整合，凸显知识的结构化；有助于解放教师教学压力和学生学习困境，打破"一课一教"的常态化教学；有助于实现学生个性化学习的需求，发展学科核心素养。

　　研究学生发展核心素养是落实立德树人根本任务的一项重要举措，也是适应世界教育改革发展趋势、提升我国教育国际竞争力的迫切需要。学生核心素养的培养，最终要落在学科核心素养的培养上。如何将学生核心素养培养有效融入数学教与学的过程中，落实到每一位学生身上，本课题围绕数学抽象、逻辑推理、数学建模、数学运算、直观想象、数据分析等核心素养，从课堂教学的维度提出初中数学核心素养的培养途径主要有以下三条：一是通过初中数学课程改革落实核心素养；二是通过初中数学教学活动落实核心素养；三是通过初中数学教育评价落实核心素养。

九、初中数学课程规划

（一）初中数学三年教学目标阶段实施计划

　　指导思想：确实树立"以学生为主体"的教学理念，一切从实际出发，积极探索实施有效教学，促进有效学习的教学模式。

（二）七年级阶段

　　重点目标：以学习习惯养成教育为主线，强化基础知识、基本技能教学目标的落实，提高学生数学素养；培养学生的数学学习兴趣，要想办法让学生爱学习数学。

　　实施计划：

　　（1）认真做好小学初中数学衔接教学，夯实基础，提升数学素养。

　　（2）提高课堂组织教学与课内外作业的管理工作，加强对学生学习习惯的养成教育，为学生的长远发展打下良好基础。

　　（3）从学习的各个环节引导关注学习效果，重点包括课堂听课效果、积极思考效果、独立完成作业效果、自主学习效果。

　　（4）从教学的各个环节提高课堂教学效果，重点包括课程标准学习、教学目标的制定、情境创设、问题设计、例题精选、语言板书等。

　　（5）举行数学竞赛，建立数学学习兴趣小组等，提高学生的数学学习兴趣。

　　具体措施：

　　（1）认真学习初中数学新课标，进一步完善教学目标，准确、合理地确定教学起点，实现夯实基础、提升起点的教学目标。衔接教学要达到两个中心目标，一是基础知识的衔接、补充；二是让学生了解初中数学的学习要求、特点，做好必要的心理准备。

（2）进入初中的第一项教学任务是数学衔接教学，在完成衔接内容教学的同时，必须重点关注学生数学基本素养的形成，先从语言表达、书面表达及思维品质等基本素养开始，进一步到主动思考、独立学习和积极探索的良好学习习惯。

（3）加强备课组教师间的交流活动，在备课组长的带领下，发挥集体的力量精心备课，切实根据学生的实际情况，落实教学目标的定位，避免起点、要求过高的现象发生。

（4）在课堂教学过程中，教师不仅要认真完成教学任务，初一的教学要充分注意学生的特点，应该把组织课堂教学放在重要位置，特别是对一部分基础差、学习兴趣不高、听课效率低、精力不够集中、学习主动性差及思维素养不高的学生给予关注，一方面要严格要求；另一方面要提高课堂教学的针对性、实效性、趣味性和互动性，充分调动学生的学习积极性，实现学习效果和教学效果。

学科组阶段性规划：七年级的工作重点放在"养成教育"上，七年级学生得先养成数学课堂的学习习惯和自主学习习惯，以及数学学习兴趣的培养。

（三）八年级阶段

重点目标：以加强对学生学习方法指导为主线，强化学生主体性教育的观念，培养学生自主学习，提高学生自我管理能力。

实施计划：

（1）提前进行课标、教材研究，调整好教学目标。

（2）加强对学生学习方法的指导，使学生初步具备自主学习的能力。

（3）提高课内外训练质量，探索训练体系，降低学生的遗忘率。

具体措施：

（1）备课组应认真学习教学大纲和教材，备课组要发挥集体作用，多学习、多讨论、多交流、多研究，明确学年、章节、单元、各节及各知识点的要求。

（2）八年级阶段在数学学习中的突出地位要明确，八年级应该强调对学生学习习惯的指导，注重学法指导。

（3）八年级的教学内容板块比较突出，大章节内容不仅难度较大，而且灵活性强。一直以来，学生对八年级学习内容的遗忘率非常高，不仅严重影响八年级学习效果，同时极大地降低了将来九年级总复习的起点。所以我们在进行八年级教学时不仅要扎实完成各项教学任务，同时要在平时练习、测试中进行滚动有效训练，构建好八年级滚动训练体系。

（4）完成一部分九年级的教学任务。

学科组阶段性规划： 八年级的工作重点，除放在"关注八年级现象"上，还要继续关注学生学习兴趣培养。在七年级学习习惯养成的基础上，八年级的数学课堂倾力于调动学生学习的兴趣，调动起全班的学习气氛，在这种氛围下，使学生轻松掌握数学知识与技能，以减小"两极分化"的差异性。

（四）九年级阶段

重点目标： 以加强学生综合能力培养为主线，强化学生主动性学习素养的培养，围绕课程标准、初中数学学业水平考试说明和初中数学学业水平考试复习计划，分层落实各级目标，力争取得良好成绩。

实施计划：

（1）在认真总结过去几年初中数学学业水平考试复习经验的基础上，进一步研究、完善、制订切合新九年级学生的初中数学学业水平考试复习计划。

（2）认真研究课程标准、初中数学学业水平考试指导，厘清主次，梳理知识，分析试题，为初中数学学业水平考试复习做好准备。

（3）以备课组为核心，全面准备好复习教材，合理安排复习进度。

具体措施：

（1）九年级备课组教师首先进行学习和研究活动，认真研究近几年初中数学学业水平考试试题，了解考试试题的特点和方向，准确把握知识点、能力目标要求，为制订复习计划做好必要准备。

（2）认真总结三年来九年级复习的经验和教训，在进一步完善复习过程的同时，针对一些存在的问题进行合理调整。

（3）认真组织九年级模拟考试，认真分析研究学生的具体情况，全方位了解学生的学情，包括学生知识系统存在哪些问题，学习方法存在哪些不足，为在初中数学学业水平考试复习当中加强学生学习习惯、学习心理、学习素质、学习能力等综合能力的培养做好充分的准备。

（4）认真做好质量监控工作。通过考试及时了解教学情况以及学生对知识的掌握情况，同时要关注其他学校的情况，及时了解教学趋势。

学科组阶段性规划：九年级的工作重点放在学生的学习方法指导上。我们利用清晰的复习环节层次设计，使学生都有所提高，并且我们还希望通过课堂的学习，向学生渗透学习的方法，提高他们总结、归类问题，解决问题的能力。

实现目标的方法与途径：

（1）积极组织全组教师深入学习课改理念和数学教学理论，开展教学基本环节的研讨，不断提升教师在课堂教学中实施素质教育的能力。规范集体备课，加强集体备课，提高备课质量，教研活动时交流教学心得，切磋教学方法，针对存在的问题共同商讨对策，群策群力，通力合作，共同进步。

（2）结合学校的学科指导活动，提倡组内教师相互听课；组织好组内公开课的开设和评议。

（3）树立团结协作意识，增强教研组凝聚力，进而形成合力，实现资源共享，优势互补，共同进步！

（五）初中数学学业水平考试全程科学备考

1. 认真学习新课标，把握复习方向

教育部 2011 年新颁布的数学课程标准在教学内容及理念上都有较大的变化，《标准（2011 年版）》进一步强调了数学学习过程、活动经验及创新意识的培养。复习过程中要认真研究新课标的变化情况，弄清楚教学内容变化情况，哪些是加强的内容，哪些是减弱的内容，哪些是选学不考的内容。复习过程中还应明确新课标对学生数学能力的培养要求是不封顶的，在基础复习阶段也应以能力培养为核心开展复习。对数感、符号感、空间观念、几何直观、数据分析观念、运算能力、推理能力、模型思想、应用意识、创新意识等核心内容要在平时的教学中真正落实。

2. 重视教材命题素材，研透教材，强固基础

教材为学生的学习活动提供了基本线索和载体，是实现课程目标、实施课堂教学的重要资源；是完成课堂教学任务的载体。考试结果反映出考生对教材内容的理解和把握是不是到位，不论是从课堂教学的角度，还是从考试评价的角度，都不应该将教材边缘化；在平时的课堂教学和复习备考中，一定要强化和掌握数学的基础知识、基本技能和基本思想方法，只有这样才更有利于实现课程目标，提高数学教育的质量。现行教材的编写体现了课标理念和要求。教材是教学的重要教学资源，是学生学习的主要材料，同时也是命题的主要素材。依据课标、参照教材命题有利于减轻学生的考试负担，有利于教学评价，有利于教学管理和提高。因此，复习时要以教材为主要参考书，将教材中的例题、练习题、习题、复习题等按课标要求进行整合，提炼出问题模型，以教材题目为基本素材构建知识和方法题型体系，进行针对性训练。由于我国目前实行的是一标多本，复习时还应参照不同区域所使用的不同教材。依据教材的复习有利于学生温故知新，加固已有的知识方法结构，将知识和方法系统化，形成逻辑思维能力。

3. 基础全面扎实，方法掌握牢固

《标准（2011 年版）》要求的教学内容及其中的数学思想和方法是数学学习的核心内容，在教学中要让学生理解掌握。在平时的教学中要做好数学基础的落实，学科基本能力培养，这就要求我们在基础复习阶段要注重知识和方法的全面性与系统性。要做到对课标要求的每一核心知识和方法的透彻理解与掌握，并能灵活运用。从命题考试角度分析看，为有效提高大规模考试的效度和信度，知识覆盖面越大，效度、信度越高。因此，初中数学学业水平考试命题要求要有一定的知识考查覆盖面，尽可能地覆盖课标要求的核心内容是中考数学命题的一个基本原则。但由于时间限制，初中数学学业水平考试命题只能选择最基础、最核心的知识和方法进行考查。

4. 重视概念学习，提高数学的理解力

概念是数学的细胞，是数学生命的基本体。现今教材为减轻学生学习负担，对数学概念的形式化要求减弱，不要求对概念的定义、内涵、外延等做过多过细的辨别，而初中数学学业水平考试则要求学生对概念清晰，能有效区别辨认，不含糊。因此，在基础复习阶段，要花大力气在概念的教学上，加强对核心概念的复习，让学生深入理解核心概念的背景，概括、抽象、定义的过程，概念的应用范围及概念间的相互联系与区别。要结合实例，通过概念辨析与类比，让学生理解、加深记忆，再通过应用巩固概念。基础复习要做到让学生对核心概念清晰明了，概念关系明确，杜绝"似是而非"的概念。

5. 研究《云南省初中数学学业水平考试指导》和考题，加强考试复习的针对性，提高复习效率和质量

"初中毕业生学业水平考试是义务教育阶段的终结考试，是全面衡量反映初中学生在学科学习方面是否达到毕业要求的水平考试"——《云南省初中学业水平考试指导》。这就为初中学业水平考试定下基调。建议学校组织复习备考时，认真研究《云南省初中数学学业水平考试指导》和近几年的考题，既要全面又要突出重点；既要关注基础知识和基本技能，又要关注其中蕴含的基本数学思想和方法。

数学学科的学业水平考试，在试卷结构上虽有所调整，但基本考点和试题数量保持稳定，内容上"稳中求变"，教师要从学科的高度和本质出发，认识教学内容，从横向和纵向两个方面对数学知识进行梳理，帮助学生建构系统的数学知识体系，逐步形成数学能力。

由于是网上阅卷，要求考生必须在规定的位置答题。在阅卷过程中，有的考生不按要求答题，要么超出规定的位置，要么答错位置；有的考生答题不规范，主要表现在书写、答题的格式等方面。因此，学校在组织复习备考时，应加强答题的针对性训练，重视答题的规范性训练，这也是提高考试成绩的有效方式之一。

学业水平考试是初中教学的风向标，试题突出了对学生学业水平的考查，凸显了课改的理念和体现了时代发展的需要。突出"四基""四能"的考查，通过科学地设置操作性、探究性和阅读理解性等题型，加强对学生创新意识的考查和对数学活动、数学知识发生过程的考查。

6. 熟练技能，强化运算

要加强对基本技能的训练与提高，要重视学生的几何入门教学，把几何语言和图形结合起来，加强学生的观图、画图、用图能力，提高几何论证能力；要促使学生运算简化、列解方程、解不等式、统计计算等基本运算技能的提高。运算能力是数学综合能力的体现，任何数学问题都需要经过运算才能得到结果。运算是根据定义、法则、公式等进行的，运算的过程就是技能与算理相结合的思维过程。数学以精确著称，稍有差错，将全功尽弃。提高运算能力，将有效避免考试中会而不对的现象。因此，教学中要特别重视学生运算能力的培养。教师在教学中要注重细节，注重过程，注重解题的规范性。在平时的教学中教师要严格要求学生认真做作业，教师要认真批改作业并对学生出现的问题及时纠正，提高教学效率。运算能力的培养没有捷径可走，教师应从学生解题的各个细节抓起，长年累月，坚持不懈，才能见效。数学运算能力培养的过程，是学生意志磨炼的过程，是良好意志品德培养的过程，同时也是师生共同提高成长的过程。

7. 引导学生养成良好的数学学习习惯

新知学习习惯：在学习活动中，鼓励学生进行积极主动、有效的学习。主动参与到课堂教学中的观察、实验、猜想、交流、验证、反思等过程中，认识到学习活动中的个体主体地位是谁也无法替代的。认识到学习的重要性，认真听讲、仔细思考，积极主动地调动自己的思维，真正参与到学习活动中，避免学习中因分心、跟不上节奏等而和大部队越拉越远的现象，并且在学习活动中感受到成功的乐趣，不断提高学习兴趣和克服畏难的情绪。

数学语言的规范使用：不管是文字语言、符号语言，还是图形语言，在使用的过程中，都是极为严格的。要求学生在平时学习中就要正确地书写各种数学符号，规范地表述各种数学现象，绘制标准的数学图形等。从而避免学生在考试时出现"不带角的符号""用一个大写字母表示一条线段""两个三角形相等""角的单位写成℃"等错误。

8. 加强基本思想和基本活动经验的渗透，培养开放探究意识

数学基本思想和基本活动经验是数学学科的精髓，获得数学思想和数学活动经验，就形成了一种数学能力，是后续学习很重要的一种基础和素养。在平时教学中，教师应当将函数与方程思想、转化与化归思想、分类讨论的思想、数形结合的思想、随机思想、统计思想等在教学中有目的、有意识地进行渗透。让学生通过教学，掌握典型问题的解法，习得通则通法，能自主构建数学模型，将数学知识进行融会贯通。为考查学生的开放探究意识，命题人员设计了体现观察、猜想、探索、转化、归纳、推理的探究性试题，这类试题的特点是开放性和探究性，目的是通过探究性试题考查学生综合应用数学的能力和创新意识。然而学生在解决这类问题时往往存在畏难心理，答题效果不好，甚至有的不敢动手去做，留有较多的空白题，究其原因还是我们在教学中对培养学生的观察、猜想、推理、论证重视不够。

因此，在数学教学中，我们要提供难度适宜的探索性和开放性问题，使学

生经历探索和思考的过程，理解数学问题是怎样提出的，数学知识是怎样形成的，从中领悟到数学的精髓与本质。如几何教学中尽量让学生亲自实验，通过量一量、剪一剪、折一折、画一画来探索几何命题，促进知识的形成和发展。如代数教学中要让学生经历数学模型的构建及解释模型的全过程，体会数学的作用及数学研究方法，在研究的过程中掌握数学常用的推理方法，如演绎法和归纳法。要通过对数学对象的研究让学生掌握基本的数学事实与方法，体验数学发现和抽象过程及数学方法的实际应用，积累数学经验。

9. 对学生的应考心理予以指导

要提醒学生保持一份平和的心态去参加考试，既不能过于紧张，也不能过于马虎大意。考试中遇到难题不能着急，可以先跳过去，回头再来考虑。力争让每个学生都能考出应有的水平，要充分认识到教师的本领不仅在于传授知识，而且在于激励、鼓舞学生，教师只有想方设法地激活课堂，充分地挖掘学生的潜能，提高课堂效率，才能达到新课标的要求，才能使学生有兴趣，完成好考前基础复习。

此外，打牢基础，熟练技能，培养能力，提高学生的综合素质，讲知识、讲思想、讲方法，求效率、求质量、求提高，帮助学生在初中学业水平考试中提高数学成绩！

第五部分　效果与反思

一、实践效果

"自学·议论·引导"教学法在两年的实践中不断成熟，本土化作用明显，并改良成"问题导引、自主探究、成果展示、适度引导"教学法，对教师把握数学教学，提升教学能力，提高教学质量是卓有成效的，此教学法要求数学教师在"精""细""实""效"上下功夫，做研究，实施高效教学，提升教学质量，形成了备课要"深"，上课要"实"，做业要"精"，教学要"活"，手段要"新"，活动要"勤"，考核要"严"，辅导要"细"，负担要

"轻"，质量要"高"的"十字方针"，要求教师将其作为教学中心意识，在教学活动的各个环节与层面加以体现，并在设计的基础上求有效，切实提高初中数学教学质量。

下面是云南财经大学附属中学数学组 2016—2020 年实践中的盘龙区学期期末检测成绩汇总：

时段	年级	平均分（分）	优秀人数（人）	优秀率（%）	及格人数（人）	及格率（%）	全区位置
2016—2017 学年上学期	2019 届	97. 20	169	63. 06	244	91. 04	2
2016—2017 学年下学期	2019 届	109. 30	225	82. 12	264	96. 35	2
2017—2018 学年上学期	2019 届	104. 94	222	82. 22	259	96. 30	2
	2020 届	106. 60	214	87. 70	239	97. 95	1
2017—2018 学年下学期	2019 届	105. 70	226	85. 13	250	94. 43	2
	2020 届	102. 04	198	80. 32	234	94. 78	1
2018—2019 学年上学期	2019 届	103. 04	208	78. 49	253	95. 47	1
	2020 届	107. 80	210	86. 07	233	95. 49	1
	2021 届	104. 40	166	78. 67	199	93. 84	1
2018—2019 学年下学期	2020 届	101. 13	174	72. 27	224	92. 95	1
	2021 届	105. 36	174	82. 08	203	95. 75	1
	2019 届（中考）	105. 56	205	84. 02	241	98. 77	1（昆明市第4）
2019—2020 学年上学期	2020 届	101. 48	172	74. 27	222	92. 53	1
	2021 届	106. 30	178	83. 57	201	94. 37	2
	2022 届	106. 80	206	85. 48	237	98. 34	1

续　表

时段	年级	平均分（分）	优秀人数（人）	优秀率（%）	及格人数（人）	及格率（%）	全区位置
2019—2020 学年下学期	2021 届	101.38	158	77.07	187	91.22	2
	2022 届	111.74	227	94.19	238	98.76	1
	2020 届（中考）	103.05	158	82	189	98	1

实验数据对比分析报告

财大附中初中部四届学生参与了研究，其中平均分、优秀率和及格率的变化情况如下。

平均分变化情况：

① 2019 届平均分依次为 97.20 分（区第 2 名）→109.30（区第 2 名）→104.94 分（区第 2 名）→105.70 分（区第 2 名）→103.04（区第 1 名）→105.56 分（区第 1 名、昆明市第 4 名）。

② 2020 届平均分依次为 106.60 分（区第 1 名）→102.04（区第 1 名）→107.80 分（区第 1 名）→101.13 分（区第 1 名）→101.48（区第 1 名）→103.05 分（区第 1 名）。

③ 2021 届平均分依次为 104.40 分（区第 1 名）→105.36（区第 1 名）→106.30 分（区第 2 名）→101.38 分（区第 2 名）。

④ 2022 届平均分依次为 106.80 分（区第 1 名）→111.74（区第 1 名）。

优秀率变化情况：

① 2019 届优秀率依次为 63.06%→82.12%→82.22%→85.13%→78.49%→84.02%。

② 2020 届优秀率依次为 87.70%→80.32%→86.07%→72.27%→74.27%→82%。

③ 2021 届优秀率依次为 78.67%→82.08%→83.57%→77.07%。

④ 2022 届优秀率依次为 85.48%→94.19%。

及格率变化情况：

① 2019 届及格率依次为 91.04%→96.35%→96.30%→94.43%→95.47%→98.77%。

② 2020 届及格率依次为 97.95%→94.78%→95.49%→92.95%→92.53%→98%。

③ 2021 届及格率依次为 93.84%→95.75%→94.37%→91.22%。

④ 2022 届及格率依次为 98.34%→98.76%。

自从进行了"自学·议论·引导教学法"在初中数学课堂中的本土化应用研究后，在教学过程中充分体现了学生的主体意识、主体地位和主观能动作用。课堂上营造民主氛围，增进师生以及生生之间的情感交流，使每个学生都融入并参与到学习中来，找到自己的位置，做到能发现问题、提出问题、分析问题、解决问题，实现个人及团体的发展，树立学习数学的自信心，使学生的潜能得到充分的发展，从而促进学生全面发展。

从以上数据可以看出，采用"自学·议论·引导"教学法在本土教学中落实较好的年级从平均分、优秀率和及格率上每学期期中到期末成绩明显都在提升，区排名也由第二上升到了第一或者稳定排在第一。课题组基于本课题的研究，得出具有普遍规律的课堂教学模式，使学生的参与意识、主体作用得到了更充分的体现，数学成绩及解题技巧稳定提高，数学素养明显提升，情感及价值观也得到升华，为他们以后的学习打下了坚实的基础。

二、实操要点

"问题导引、自主探究、成果展示、适度引导"这 16 个字基本上就把操作要义说明白了。本教学法的操作要义是指有关教学实践方面的重要内容及道理，可以把其概括为以下四个要义，它们可以说是对教学法实施的生动演绎。

1. 问题导引，落实素养

"在初中数学教学中，圆、三角形和四边形是最好的教学实践模块。""模块教学的一大特色是提高学生'发现问题、提出问题、分析问题、解决问题'的能力"，帮助学生从新的视角看旧的问题。教学的本质是要抓住数学知识发生的本源，要选择合适的切入点，使学生据此猜想、推理、判断，从而达到新知识产生的目的，思想方法技能的形成，让数学的核心素养落地。

2. 自主探究，融合教学

教学有法，但教无定法，"问题导引、自主探究、成果展示、适度引导"的教学法在很大程度上依托于实施的个人和讲授的对象，可灵活采取个人、小组和全班学习等教学形式，让自主学习、群体议论与相机引导相融合，最大限度地发挥学生的主观能动性，充分发挥教学法及其教学流程的基础、纽带和关键作用。

3. 成果展示，优化品质

知识具有多大的力量总是取决于它在多大程度上转化为思维的能力，本教学法在实施过程中始终伴随着学生之间的交流和研讨，多种思维形式交替进行，不断锤炼着学生的学习品质以及学习行为中表现出的心理特质，展示学习成果，打通学生构建知识的通道。学习是以知识为基础、以语言符号和数学逻辑为支撑、以表达为关键、以思维为核心的总和，可见提倡终身学习的必要性。

4. 适度引导，传道解惑

适度引导即教师运用点拨、解惑、提示、释疑等方法发挥教师的引导作用。如创设合适的情境，生成课题，激发研究兴趣，明确研究内容和研究方法；根据学生学习中出现的问题，或进行启发性的描述，使学生得到仿效和借鉴；或对有关问题的前景进行生动的描述，使学生打开眼界、拓宽思路；或列举一些矛盾现象，选编一些容易发生错误的习题，让学生深入思考，总结经验教训，等等。通过教师引导，使学生自学有内驱力、有内容、有方法，使议论有序、有激情、有见地、有深度，最终使课堂学习达到预期目标，培养全面发展的人。

三、反思

（1）财大附中仅成立四年，数学组每位成员积极参与教学研究，主动进行教育教学改革创新。在初中数学学科团队建设方面，一名教师获全国教学比赛一等奖，两名教师获昆明市教坛新秀，三名教师获盘龙区数学学科带头人；两名教师获盘龙区数学学科骨干教师，两名教师获盘龙区教坛新秀；2018年金婷老师参加昆明市中考数学命题工作；2019年段涛老师参加云南省中考数学命题工作；2020年李翱行老师参加云南省中考数学命题工作。全组教师完成了云南省标准教辅《优佳学案优等生》系列丛书的编写工作，带领财大附中5位数学老师获盘龙区基础教育成果二等奖，数学组获得一个省级课题，两个昆明市小课题，一个省教育科学研究院课题，一个国家级重点课题子课题，团队成长迅速。中国数学教育 2019 年度颁奖盛典在厦门举行，财大附中校长王学先应邀参加盛典，基于在数学教育领域突出的表现，财大附中荣获中国数学教育"特色学校"称号，这是本届盛典云南省唯一获奖的学校。从这一方面讲，教学科研是促进教育教学质量提高十分重要的途径。

（2）适度引导，即教师运用点拨、解惑、提示、释疑等方法发挥教师的引导作用。如创设合适的情境，生成课题，激发研究兴趣，明确研究内容和研究方法；根据学生学习中出现的问题，或进行启发性的描述，使学生得到仿效和借鉴，或对有关问题的前景进行生动的描述，使学生打开眼界，拓宽思路，或列举一些矛盾现象，选编一些容易发生错误的习题，让学生深入思考，总结经验教训，等等。通过教师引导，使学生自学有内驱力、有内容、有方法，使议论有序、有激情、有见地、有深度，最终使课堂学习达到预期目标，培养全面发展的人。教育不是急功近利、一蹴而就的行业，也没有哪一种教学方法或模式能够一劳永逸。身为教育工作者，只要愿做一名好教师，愿为教育倾心尽力，就得不断探索、不断汲取、不断提升。教育是一项常做常新的事业，是为人的一生奠定基础的事业，我们既不能盲目跟风，也不能闭门造车，更不能停滞不前，尤其在国家实现教育均衡的今天，我们必须打开思路、深入思考教育教学之路径。只要是对学生、教师有利的事就要全力以赴地去做，并在此过程中边学习、边思考、边完善、边创新，只有这样才不负家长的信赖、社会的期望及自己的良心，做真教育，真做教育，做人民满意的教育。

（3）当前，数学教学强调落实"数学抽象、逻辑推理、数学建模、数学运算、直观想象、数据分析"六大核心素养，该教学法还应结合"立德树人"的要求培养全面发展的人，教育教学充分落实学科核心素养，所以"规范教学、以学定教、问题导引、以教导学"教学法就必须进一步完善，"规范教学、以学定教、问题导引、以教导学"教学法在教学实践中主要针对的是学生基础层次相对较好的学校；通过实践研究，改良成"问题导引、自主探究、成果展示、适度引导"教学法后，对基础薄弱学校学生的数学教学质量提升是有一定价值的。

第六部分　课题研究成果

　　自学、议论、引导是本土化教学的三个重要环节，也是教学的基本理念。独立自学是基础，群体议论是枢纽，相机引导是关键。在教学中，"教"与"学"相辅相成、相伴而行。教师通过引导实施教；生生之间、师生之间在议论中互相启发、互相帮助、互相评价、互相鼓励，从而实现互教互学，即"在教中学""在学中教"。同样，自学、议论、引导三者互为依托、融为一体、相得益彰，贯穿于教学的全过程。

　　"自学·议论·引导"本土化教学法包括五种基本课型：概念课，公式、定理课（命题课），例、习题课（解题课），复习课和讲评课。这五种课型既独具特色，又有内在的联系。概念课是学生集中获得信息和准备输出信息的阶段。公式、定理课（命题课）是教学系统全部开放，各种信息及时得到反馈的阶段。例、习题课（解题课），复习课和讲评课是概念课、公式、定理课（命题课）的继续和延伸，是全面完成单元和整体教学任务的保证。在教学法本土化应用实施的阶段，五种课型相互渗透、相互联系。

　　实施"自学·议论·引导"教学法本土化教学要明确五个操作要点：一是重组教材内容，实施单元教学；二是完善学程规划，挖掘主体潜能；三是坚持个人学习、小组学习、全班学习"三结合"，力求最佳匹配；四是遵循发展规律，提升自学能力；五是创设适宜情境，构建和谐关系。"自学·议论·引导"的概念涵盖了生本理念、合作思想、教师引导等诸多教与学最本质的问题，在后来的"自学·议论·引导"教学法本土化应用教学实践研究中得到了很好的体现。

一、本土化课堂教学中的自学

（一）本土化"自学"的基本要义和过程

1. 自学包含两个基本要义

一是把学习主动权还给学生，让他们自觉自主地学习，乐于学习，具有良好的学习精神；二是让学生学会学习，善于学习，具有较强的学习能力，包括良好的学习品质、学习习惯和学习方法，核心是要有好的思考能力和创新能力。这两个要义互为因果、相互促进。

2. 自学的过程可分为三个阶段

第一阶段：自学能力的释放，转化为自学要素；第二阶段：自学活动的进行，吸取新的知识；第三阶段：自学能力的评价，增强自学能力。自学过程的有序进行，是自学能力、自学活动、自学知识的统一。

3. 学生进行自学的三种学习形式

（1）教学中以个体思考、阅读、钻研为主的自学。这一阶段，学生在教师的引导下，利用课堂时间，以课本为主，同时根据自己的情况，结合其他材料，采取独立思考、阅读、制作、实验观察、练习等手段进行独立自学，也可在小范围内适当议论。

（2）教学中群体议论为主的自学。这一阶段，学生在教师引导下围绕课题，对知识结构进行整理，对重点、难点的知识及学习方法等发表自己的意见，并对别人的发言和书上知识点的叙述做出评价。

（3）教学中个群结合等为主的自学。通过前面两个环节的自学，学生对知识已有较系统的理解和掌握，在应用上已有一定的基础，就为第三个环节创造了条件。

（二）本土化"自学"的操作要义

"自学"环节的建构，就是在教学中，教师根据学情改变教材的呈现形式，以问题的方式，启发学生思维，引导学生参与发现，在教师引导和学生参与的有机结合中，完成教学任务，培养学生自主学习的能力和创新精神。

建构优质的"自学"环节，需要满足以下三个条件：一是要精心选择问题，使所选问题具有一定的时代感和探究价值，又能适合学生的发展水平和兴趣特点；二是要创设问题情境，使学生产生认识上的困难或困惑，从而激发他们去探索创新；三是要善于表述问题、转化问题、点拨问题，通过提出具体可行的要求，提供相关资料，指点学习方法，化解问题难度，鼓励学生大胆尝试、独立探索，使学生深入地理解教材。

二、本土化课堂教学中的议论

（一）本土化"议论"模式的建构

"议论"模式的建构，就是学生在教师的引导下，师生之间、生生之间围绕着知识的理解和学习方法、思维方法的掌握所开展的活动的过程。"议论"吸纳了合作学习的基本思想，它是合作学习的基本形式，也是一种主要形式。"自学·议论·引导"教学法本土化教学中的"议论"对合作学习有了进一步的发展。在合作学习中，既强化了学生自主获取知识的"主体"地位，又突出了教师的"引导"作用。通过课题实践研究发现，"引导"环节应贯穿于教学过程的始终，合作学习仍是教师引导学生主体的教学活动。

（二）本土化"议论"的四种形式

1. 迁移式议论

迁移式议论在扩展信息、概括建构新知、习得方法、促进交流合作等方面有独特的作用。

2. 拓展式议论

拓展式议论就是在学生初步建立了新概念的基础上，由学生依据自身的生活经验，提出研究案例，由师生共同研究探讨。

3. 解疑式讨论

解疑式讨论就是在学习了一个新知识后，教师通过举例讲解或让学生练习，以达到巩固的效果。这种方式既能激发学生学习兴趣和学习主动性，又能培养学生观察、比较、分析、归纳、概括的能力。

4. 情境式讨论

情境式讨论就是教师主动发掘学生身边比较熟悉的事物，将其作为议论的话题，在这种情境下，学生不仅自主地获取了知识，构建了概念，而且对新知识的认识更加深刻，理解更加透彻。

（三）本土化"议论"的操作要义

（1）教师要做好充分的准备。教师必须精通教材、融会贯通，深刻理解数学课程标准规定的教学任务和需求。掌握学生的学习能力、学习水平、学习方法和学习情感。

（2）教师要把握议论的时机。当学生的学习愿望不够强烈，需要互相激励时；当学生个人的智慧难以解决问题，需要互相帮助时，一般通过小组或全班议论的形式，展开合作学习。

（3）教师要把握住议论内容的深度和广度，保证能议得开、议得深，能激发学生学习的兴趣和探究的欲望。组织议论时，要从学生的思维能力出发，逐步使议论深入展开。

（4）要创设一个能够平等地、互相合作地进行交流思想、探求真理的和谐活跃的良好气氛。

（5）教师要有灵活机敏和善于引导的教学策略与方法。

在教学中，具备以上五个要求，"议论"就会不断向较高的层次发展，高效的合作学习才能得以实现。

三、本土化课堂教学中的引导

（一）本土化"引导"的方法

（1）示范性引导。在学生百思不解的情况下，教师要做深入浅出的讲解。

（2）例证性引导。为了让学生具体理解某些概念、定律、法则，教师可启发学生列举正反两方面的具体实例进行讲解。

（3）展望性引导。对问题的前景进行描述，引导学生对它产生兴趣，让学生的思维方向更加明确。

（4）逻辑性引导。数学是一门逻辑性极强的学科。学生的思维、智力活动也是按照一定的逻辑机制进行的，所以教学中需进行逻辑性引导。

（5）探究式引导。当学生的思维发展到一定程度出现停滞时，可引导学生列举一些矛盾现象，提出一些设想，激发学生产生强烈的求知欲，从而富有激情地、兴致勃勃地钻研思考。

（二）本土化"引导"的操作要义

引导是教师在课堂教学中发挥主体作用的重要标志。引导不仅是知识层面的点拨、引领，更应着眼于学习能力的形成。高效的引导包括以下三个方面。

（1）引导学生参与学习的全过程。教学过程是交流互动的过程，学生的学习不仅要用脑去想，还要用眼睛看、耳朵听、嘴巴说，动手操作。教师要放手让学生利用多种感官协调活动，积极交流探索，同时让学生学会在合作、竞争中参与活动，培养合作意识和竞争意识，激发和提高群体学习的热情与活力。

（2）引导学生改进学习方法。教师要有意识地把开门的钥匙交给学生。学生有了钥匙，自己就能把大门打开，积极思维，解决问题。

（3）引导学生参与学习评价。把评价的权利还给学生，让学生在评价中交流，在交流中学习，在学习中发展，对落实学生在学习中的主体地位、大力培养学生的自主学习能力和创新精神具有积极作用。教师需给予学生充分的机会参与评价，让学生了解评价、学会评价。

四、公开发表的论文

论著（文）名称	总字数	本人职责	本人撰写部分	发表时间、地点、刊物或出版社名称
《"一次函数"复习课教学设计》	5092	第一作者	独立完成	2018.05.15、云南教育中学教师 ISSN1009－2099
《初高中数学教学的衔接》	5223	第一作者	独立完成	2018.12.15、云南教育中学教师 ISSN1009－2099
《勾股定理的逆定理课例及评析》	5792	第一作者	独立完成	2019.05.15、云南教育中学教师 ISSN1009－2099
《新高考评价体系下初高中数学教学的衔接》	4985	第一作者	独立完成	2020.06.15、云南教育中学教师 ISSN1009－2099
《2020年云南省初中数学学业水平考试试题分析与评价》	8176	第一作者	合作完成	2020.11.15、云南教育中学教师 ISSN1009－2099

"互联网"时代初中数学智慧课堂教学设计与实施课题研究成果结题报告

结构导图如图 1 所示。

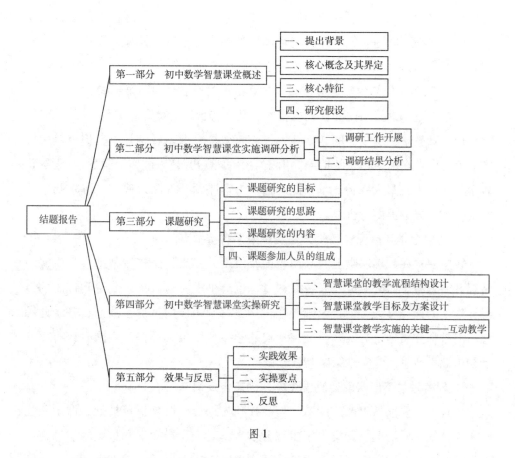

图 1

第一部分　初中数学智慧课堂概述

一、提出背景

随着互联网时代的到来，"互联网＋教育"也走进了课堂。

要在互联网时代下打造初中数学智慧课堂，以提升学生学习水平为目的，实现减负增质的课堂效果而思考和研究。

但随之而来也产生了一些问题，需要一线教师结合相关理论与实践开展研究，进而，在互联网时代下打造更为高效的初中数学智慧课堂。基于此，在本课题研究之前，就课题主要问题与困惑先进行了如下分析。

1. 互联网时代初中数学最佳教学方案呈现效果受众多因素影响

智慧课堂借助校园内的计算机技术、网络技术等信息资源进行整合、集成，逐渐使教育教学呈现全面的数字化，虽然有效提升课堂教学效率，但就其实施实效而言，存在尚不理想的情形。由于学生的学习兴趣未能完全激发，"无纸化教学"未能发挥最大效益。基于此问题，为本课题开展深入研究、寻求初中数学最佳教学方案提供契机。

2. 初中数学智慧课堂教学方法实施效果有待提高

智慧课堂在数学课堂上的应用频度及效度并不高，需要教师结合学生实际情况开展思考。而机械地开展智慧课堂，也会出现实施效果未能达到理想的情况，学生的探究思维、创新思维等还未切实得到拓展的情况。故而，基于此困惑，需教师开展理论与实践研究，切实从学生角度出发，在互联网时代有效开展初中数学智慧课堂实施策略与教学设计。

3. 现有教学不能实时监测学生学习动态，反馈滞后

传统教学要求学生课前预习，需要教师先进行学情分析再授课；课上关注学生掌握知识的情况只能集中于少部分学生，对于易错知识和难点知识通常以教学经验进行总结讲解；课后进行作业布置，而作业反馈也存在滞后性，教师需要花大量时间批改作业，才能分析学情。初中数学智慧课堂的渗透，运用大数据的收集和反馈，融入教学预习、课中教学互动和实时反馈、课后巩固，达到时效性。

目前国内一些学者开始对互联网时代的初中数学智慧课堂教学进行探讨，如有的学者对利用云计算、互联网等技术构建初中数学智慧教学环境进行研究，提出在课堂教学中应用信息化技术手段为个性化学习提供支持，以实现智慧化教学；有的学者基于大数据学习分析进行专题研究，探讨智慧学习、智慧教育的发展特征；也有学者尝试对智慧课堂学习过程中的各要素进行分解研究，设计基于智慧课堂的学习模式，以推进智慧课堂中的技术与学习融合；等等。但是已有的研究大多数还停留在智慧课堂的理念层面或技术层面的描述上，对初中数学智慧课堂的教育教学应用等深层次的研究还不够。根据以上背景，本课题在智慧课堂内涵分析的基础上，针对"互联网+"时代初中数学智慧课堂教学设计与实施进行专题探讨，为学校开展初中数学智慧课堂教学实践提供参考和依据。

二、核心概念及其界定

（一）互联网时代

互联网时代是指在电子计算机和现代通信技术相互结合的基础上，构建的宽带、高速、综合、广域型数字化电信网络的时代。

随着经济的发展以及技术的进步，在互联网大背景下，"互联网+教育"逐渐应用于各大课堂。在互联网时代下，教学方式的创新逐渐重塑教育生态，为教育注入新的生机。

（二）智慧课堂

智慧课堂的提出和发展实际上是学校教育信息化聚焦于教学、聚焦于课堂、聚焦于师生活动的必然结果。关于智慧课堂的含义，从不同的视角来看有不同的理解。"智慧"通常包含心理学意义上的"聪敏、有见解、有谋略"和技术上的"智能化"两个不同层面的含义。因此对智慧课堂的概念总体上有两种视角的理解：一种是基于教育视角的理解，认为课堂教学不是简单的"知识传授"过程，而是以"智慧"为核心的综合素质培养与生成的过程，智慧课堂的根本任务是"开发学生的智慧"，这里"智慧课堂"的概念是相对于"知识课堂"而言的；另一种是基于信息化视角的理解，指利用先进的信息技术手段实现课堂教学的信息化、智能化，构建富有智慧的课堂教学环境，这是相对于使用传统教学手段的"传统课堂"。

事实上，上述两种视角的认识是紧密关联的，利用信息技术创设富有智慧的课堂教学环境，其根本目的也是促进"知识课堂"向"智慧课堂"转变，实现学生的智慧发展。本课题对"智慧课堂"的定义是侧重于后一种视角而提出的。从信息化视角建立"智慧课堂"的概念，是开展信息化教学研究的前提，也是构建"互联网＋"时代初中数学智慧课堂教学理论与实践体系的逻辑起点。

相比传统"灌输式"教学模式，智慧课堂既能够提升教学效益，又能培养学生创造高质量创造性思维能力，将抽象知识形象化，综合提升学生综合数学能力，打造高效以及个性化数学教学课堂，进而实现学生的全面发展。

三、核心特征

在"互联网＋"时代，基于动态学习数据分析和物联网、大数据、云计算等新一代信息技术构建的智慧课堂，在信息技术与教学应用上具有重要的特色，并融入初中数学学科特征，其核心包括以下四个方面。

1. 教学决策数据化

初中数学智慧课堂始终以学校构建的信息技术平台为支撑，基于动态学习数据的收集和挖掘分析，对学生学习初中数学全过程及效果进行数据化呈现，使得初中数学教学过程从过去依赖于教师的教学经验转向依赖于教学中的客观数据，依靠数据精准地掌握学情，基于数据进行决策，方便教师有的放矢地安排及调整教学。

2. 评价反馈即时化

初中数学智慧课堂教学中采取动态学习评价，即贯串课堂教学全过程的动态学习诊断与评价，包括课前预习测评与反馈、课堂实时检测评价与即时反馈、课后作业评价及跟踪反馈，从而实现了即时、动态的诊断分析及评价反馈，重构形成性教学评价体系。

3. 交流互动立体化

智慧课堂教学的交流互动更加生动灵活，教师与学生之间、学生与学生之间的信息沟通和交流方式多元化，除了在课堂内进行师生互动外，师生还可以借助云端平台进行课外的交流，在任何时间、任何地点进行信息交流和互动，实现师生、生生之间全时空的持续沟通。

4. 资源推送智能化

智慧课堂为学习者提供了形式多样的多媒体资源，包括微视频、电子文档、图片、语音、网页等极为丰富的学习资源，而且可以根据学生的个性化特点和差异，智能化地推送有针对性的学习资料，满足学习者富有个性的学习需要，帮助学生固强补弱，提高学习效果。

四、研究假设

财大附中数学组力求促进课堂教学进入变革时代，初中数学 11 名教师中，其中教龄超过 15 年的有 5 人，教龄在 5～15 年的有 6 人，每位教师都有强烈的意愿进行教育教学的改革创新，提升学生的数学学习能力，同时培养初中生的数学表达能力和创新意识。

为了实现这一美好目标，财大附中数学教师以课题研究为起点，理解智慧课堂的意义，探索智慧课堂数学教学的实施，明确学生利用智慧课堂学习数学的学习策略，最终探索出适合财大附中的数学智慧课堂教学方法，打造精彩而有创新的课堂。

本课题旨在通过学校实践来实现初中数学课堂教学方式的转型，课题的研究从数学学科教学常规、智慧课堂教学环节、智慧课堂备课内容、数学教学设计、信息化平台的互动教学、个性化辅导和评价反馈等方面进行探索与实践，以"立德树人"为宗旨，以发展学生"核心素养"为目标，以实现课堂教学转型为重点，着力培养学生的数学思维和学习数学的兴趣，既解决了初中数学教学中所面临的难题，又为推进数学教育课程改革做出了积极的探索和实践，形成具有财大附中特色的互联网时代初中数学智慧课堂教学。

第二部分　初中数学智慧课堂实施调研分析

一、调研工作开展

2019 年 3—4 月，课题研究小组制作调查问卷，并以微信问卷填写的形式，借助问卷网资源，组织财大附中初中部全体数学教师和随机抽取了在校部分初中学生，进行关于此课题初中数学智慧课堂使用前后心得感悟和学习情况的问卷调查，并集中分析数据。

二、调研结果分析

（一）对初中数学教师课堂教学方式问卷调查分析报告

了解初中数学课堂教学的现状，从而分析数学课堂教学方式的差异，最终发现数学课堂教学方式与课堂有效性的相关规律。以财大附中初中部 11 名数学教师为研究对象，具有一定的代表性。

反馈建议。从财大附中初中部数学教师的课堂教学方式调查现状来看，传统的教学模式的教学有效性较低，因此需要进行教育教学的改革创新，探索适合财大附中初中学生的教学模式以及操作要义。

根据不同课型的特点，探索适合该课型的高效教学流程模式。

在教学活动中，要做到开放而有序，主要表现为：①掌握学生已有的学情，根据本章本节学生的知识能力、情感、态度应得到怎样的发展，制定多元化教学目标；②教材的处理由"学厚"到"学薄"；③根据课标、教材、学生基础以及教师原有的教学经验设计教案。

引导是教师在课堂教学中发挥主体作用的重要标志。这就要求教师具有规范而灵动的教学技艺，即坚持一定的规范——以生为本，以学定教，把学习主动权还给学生，发挥其主体作用，而又不拘泥于形式，强调实践创新，灵活使用教学方式方法。

（二）对初中学生学习情况问卷调查分析报告

了解初中学生学习方法的现状，从而分析学生学习方法的差异，最终发现初中学生学习方法及有效学习的相关规律。以财大附中初中部三个年级的部分学生为研究对象，随机发放问卷 258 份，收回问卷 258 份，其中有 9 份为无效问卷，具有一定的代表性。

反馈意见如下。

（1）从学校学生的学习情况调查现状来看，学生自主学习能力有待提高，主要表现在：一是学生能主动地投入学习过程中，但是存在机械记忆，在知识的自我构建和自主创新上有待提高；二是学生的课前预习和课后复习缺少方法，流于形式。

（2）在自主学习的基础上，学生之间缺少交流讨论，不愿也不善于与他人交往合作，在学习上比较保守，不愿意把自己的学习心得、经验与同学分享，在交流中没有突出合作学习、探究学习，以及在互动探究过程中自觉体验、感悟的学习方式，因此需要优化学生的学习过程。

（3）学生的学习离不开教师的引导，学生只有在教师的引导下才能实现有意义、有质量、有效率的自学，教师的引导必须基于学生的学习情况以及认知水平，因此改善教师的教学结构也是亟须解决的问题。

第三部分　课题研究

一、课题研究的目标

（1）通过研究，分析出互联网时代初中数学智慧课堂教学设计与实施过程中所遇到的问题及局限之处。

（2）通过研究，探索出互联网时代初中数学智慧课堂教学设计与教学策略，以期构建可实施操作的初中数学智慧课堂。

（3）通过研究，进一步提升学生自主学习和课堂学习的能力，提升初中数学智慧课堂教学的效果。

二、课题研究的思路

（1）问卷调查法：对初一到初二年级发放 400 份问卷，平均每个年级 200 份，问卷回收率 100%。就问卷的问题可以进行如下设计：主体内容为"就学生对于教师所实施的初中数学智慧课堂的喜爱模式展开调查"，并以多选的形式进行汇总，最后对问卷进行详细归类整理，为本课题的深入研究提供参考。

（2）访谈法：通过对初一、初二年级每个学段的数学教师以及不同水平学生进行分组访谈，收集与本课题相关的资料。

（3）案例分析法：在每一个年级选取有代表性的初中数学智慧课堂进行展

示，借助优质课的方式，将智慧课堂所打造的最优授课模式进行分享，并就在学生群体与教师群体中所引发的讨论进行分析、记录。

（4）经验总结法：根据教育实践所提供的事实，分析概括教育现象，在本课题开展过程中，关键是教师能够透过现象看本质，找出实际经验中的规律，从而更好地、更加理性地改进自己的教学。在此过程中，教师要区分好智慧课程与传统课堂的差异及各自优势，并进行客观总结评价，形成更为系统的结果资料，为本课题提供更为有效的参考资料。

三、课题研究的内容

第一部分，对比研究初中数学智慧课堂与传统课堂在教学实施上的差异，了解初中数学智慧课堂的教学设计与实施策略。

第二部分，调查问卷，了解教师对智慧课堂教学的关注点，期待智慧课堂可解决教师的哪些教学疑惑；了解学生对网络学习的需求。

第三部分，总结初中数学智慧课堂教学的操作方式方法，以数学学科为例，提出可行性的操作指南。

第四部分，实践操作，总结初中数学智慧课堂不同课型的教学设计和实施策略，为初中数学智慧课堂的可行性实施提供参考。

第五部分，分析短期、中期、长期学生在初中数学智慧课堂上的监控影响，总结初中数学智慧课堂中的影响效果。

四、课题参加人员的组成

姓名	分　工
邹晓清	课题申报、组织开展研究，负责立项申请书、开题报告、中期报告及结题
金婷	对初中年级学生、初中数学教师进行问卷调查（以财大附中为例）并整理分析
魏树娜	记录课题研究过程（拍照、录像、文字记录等）
李翱行	整理汇总智慧课堂操作手册，撰写立项申请书、开题报告、中期报告及结题报告
林银	收集整理文献、声频、视频资料，设计智慧课堂实施方案

第四部分 初中数学智慧课堂实操研究

一、智慧课堂的教学流程结构设计

（一）传统课堂与智慧课堂的教学流程结构比较分析

随着新一代信息技术在学校教育中广泛应用，技术与教学的融合不断深入，引发了传统课堂教学流程与结构的深刻变化。可以看到，传统课堂的教学流程结构通常采取"5＋4"模式，即由教师"教"的五个步骤（备课、讲课、提问、布置作业、批改作业）和学生"学"的4个步骤（预习、听课、代表回答、完成作业）以及它们之间的互动联系方式所组成的系统过程，形成了"课前、课中、课后"持续发展的课堂教学循环。但在传统课堂模式中，"教"与"学"的联系方式比较简单，缺乏全面深入的互动交流。由于大数据分析、动态学习评价和"云端"信息技术平台的运用，智慧课堂教学的要素及流程结构发生了重大变化。从理想化的状态来看，智慧课堂教学中教师的"教"变成8个步骤（学情统计、资源发布、教学设计、课题导入、新任务下达、精讲与点评、个性化推送、批改作业），学生的"学"也变成了8个步骤（预习与作业、课前讨论、展现分享、合作探究、随堂测试、巩固提升、完成作业、总结反思），师生之间的互动交流更加丰富多样。因此，理想的智慧课堂教学流程结构是"8＋8"模式，基于"课前、课中、课后"的闭环实现智慧教学持续改进。

从传统课堂教学流程结构的"5＋4"模式到智慧课堂的"8＋8"模式，充分体现了"互联网＋"时代新一代信息技术支持下课堂教学变革的趋势。但理想的智慧课堂教学流程结构"8＋8"模式主要是一种理论模型，对于智慧课堂教学的"教"与"学"要素及联系的理论分析来说具有重要价值，而对于教学实践应用则比较复杂，可操作性不强。因而需要进一步优化、简化，建立一个实用性强的智慧课堂教学流程结构。通过对传统的"5＋4"模式和"8＋8"模式之理论模型进行分析与整合，不再把"教"与"学"作为分离的要素来构建教学过程，而是围绕"以学生为中心"，注重"教"与"学"的相互渗透和融合，来构建"教与学统一"的智慧课堂实用教学流程模式，在基于平台的教学互动中促进和实现学生的智慧发展（如下表）。

传统课堂与智慧课堂教学流程结构比较分析

类型	传统课堂教学流程结构（"5 +4"模式）			智慧课堂实用教学流程结构（"三段十步"模式）	智慧课堂教学流程结构理论模型（"8 +8"模式）		
阶段	教师	教学互动	学生	教与学统一（基于平台的教学互动）	学生	教学互动	教师
课前	备课	预习反馈	预习	学情分析 预习测评 教学设计	预习与作业 课前讨论	资源推送 预习反馈	学情分析 资源发布 教学设计
课中	讲课 提问 布置作业	知识传授 部分互动 统一任务	听课 代表回答	情境创设 探究学习 实时检测 总结提升	展现分享 合作探究 随堂测试 巩固提升	交流互动 任务推送 测验推送 及时反馈 针对性教学	课题导入 任务下达 精讲点评
课后	批改作业	事后评价	完成作业	课后作业 微课辅导 反思评价	完成作业 总结反思	作业推送 作业提交 评价反馈	个性化推送 批改作业

（二）智慧课堂实用教学流程结构设计

智慧课堂为"教"与"学"的融合和统一提供了有利的条件。基于智慧课堂信息技术平台，增进师生互动和协作交流，使"教"与"学"相互渗透、融为一体，因而对智慧课堂的实用教学流程结构设计，应把"教"与"学"作为一个统一的系统整体来考虑，采取"三段十步"的教学流程模式，即由三个教学阶段和十个教学步骤组成。其中，"三段"即智慧课堂仍然是由"课前、课中、课后"组成的三段式课堂教学闭环，"十步"即学情分析、预习测评、教学设计、情境创设、探究学习、实时检测、总结提升、课后作业、微课辅导、反思评价十个教学步骤，构成了教与学统一、可持续发展的完整智慧教学过程〔智慧课堂实用教学流程结构（"三段十步"模式）如图2所示〕。

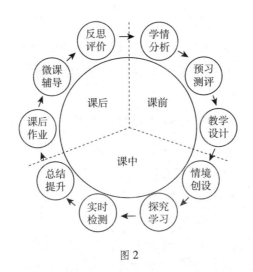

图 2

"三段十步"的智慧课堂实用教学流程结构，在各个阶段应用上既要分担促进学生智慧发展的总体目标任务，又要有各个阶段任务的重点和特色，从而构成智慧课堂的完整教学过程和持续发展体系，我们具体分析如下。

1. **课前阶段——以学情分析为核心**

在课前阶段，传统课堂教学的任务就是教师备课和学生预习，教师备课主要是研究教材、撰写教案，对学生的分析主要是基于经验和平时的直观感受，缺少对学情的深入调查分析，而学生的预习就是自学教师布置的教材内容，无法与教师或同学进行课前的讨论交流。智慧课堂的课前教学准备从根本上改变了这一点，以学情分析为基础优化教学设计，实现以学定教。首先，利用智慧课堂信息技术平台，提供学生学习历史成绩查询统计和作业分析，精确地掌握学情基本信息，便于教师进行教学目标预设，并可通过平台向学生推送微课视频、学习课件、预习测试题等预习内容。其次，学生通过在课前学习教师推送的预习材料，完成预习测试题并提交到平台上，还可以通过平台记录在预习过程中遇到的问题，基于平台进行相关讨论。最后，教师基于教学目标预设、学生预习测试统计分析和讨论的情况等，进行综合学情分析，据此拟制合适的教学设计方案。

2. **课中阶段——以师生互动为关键**

在课中阶段，传统课堂教学就是教师讲课和提问，学生听课和部分代表回答问题。而在智慧课堂教学中，关键是基于智慧课堂信息技术平台开展多种形式的师生互动、生生互动。主要包括如下几个方面。

（1）在情境创设上，可以采取多种方式创设学习情境、导入教学课题，如通过预习反馈、测评练习等方式创设情境、导入新课，或由学生演讲展示课前预习成果，教师提示或精讲预习中存在的问题，学生重点听取在预习中的疑惑或掌握薄弱的知识，积极参与教学。

（2）在课堂探究上，由教师通过信息技术平台下达新的学习探究任务和要求，以及任务完成后的随堂测验题目，并组织和指导学生的合作探究活动，学生开展协作学习，提交成果并展示。

（3）在评价反馈上，教师通过平台对学生进行学习过程诊断评价，布置随堂测试，学生完成测试练习并及时提交，得到及时的评价反馈。

（4）在总结提升上，教师根据课堂探究和随堂测试反馈信息，精讲、辨析难点，补充、巩固弱点，拓展、提升重点，进一步深化师生互动交流，培养学生创新思维和能力，促进学生意义建构。

3. 课后阶段——以个性化辅导为重点

在课后阶段，传统课堂教学是学生完成课后作业，教师批改作业，作业布置是统一的，而批改和反馈是滞后的，一般是学生在下堂课提交作业，再下堂课才能得到反馈，作业讲评也只是讲共性问题。而智慧课堂教学完全改变了这一状况，基于信息技术平台重点开展个性化辅导，进行针对性教学。首先，教师不再是布置统一的作业，而是依据每个学生课前预习和课堂学习情况发布针对性的作业任务，基于信息技术平台智能推送个性化复习资料；其次，学生完成作业后可以根据自己的进度，通过平台及时将作业提交给教师，客观题可以得到及时的自动批改和反馈，而对于主观题，教师可以针对每个学生的作业情况录制作业批改微课，及时推送给这名学生或更多的学生，进行个性化辅导；最后，学生基于平台观看自己的作业批改微课，也可在平台上发布自己的学习感受与疑问，与教师、同学讨论交流，进行总结反思，并可以通过平台及时反馈到教师的下次课备课中，以利于教师及时改进和实施针对性教学。

二、智慧课堂教学目标及方案设计

教学目标及方案设计是课前教学阶段的重点任务，是组织和实施教学的前提和基础。智慧课堂教学设计要充分体现出课堂教学以学生为主体的宗旨，确定合适的教学目标，设计理想的学习情境和教学方案，让学生去主动建构知识意义。同时，将智慧课堂的教学理念、教学方法、教学手段运用和体现于教学设计中，贯穿于教学过程的始终。具体分析如下。

（一）预设课程目标及教与学目标

智慧课堂教学准备的首要环节是进行教学目标的预设。

首先，确定三位一体的课程目标。在新课改方案中已经明确提出了三位一体的课程目标，它是指在课程学习过程中应该达到知识与能力、过程与方法、情感态度与价值观三维目标。智慧课堂目标设计中应遵循这一基本要求，并利用智慧课堂的有利环境加以有效落实。

其次，把三位一体课程目标具体化为教与学的目标。三位一体课程目标的每个维度包含的具体目标都很多，不可能在一次课上都涉及，但要尽可能涉及三个方面。在智慧课堂教学目标设计中，教师要依据每节课的教学内容特点，基于智慧课堂信息化环境应用，设计出具体的学生学习目标及教师教学目标，恰如其分地将三个方面目标融入智慧课堂环境下知识学习的过程中。

（二）便于学情分析

智慧课堂为开展学情分析提供了极为方便的信息技术平台。开展学情分析是指全面地了解学生的学习及相关情况，既包括学生已有基础知识的水平，也包括学生学习心理、生理及社会特点等。智慧课堂的核心理念是"以全体学生为中心"，因此在课前教学准备中如果不对学生做全面的了解，教学过程的每一个环节都会发生背离学生学习需求和成长规律的事情，教师的所有工作都将是徒劳的。为了科学地实施学情分析，教师平时要养成建立规范的学生特征档案和学习档案的习惯。建立学生特征档案可以统计分析出学生学习的情况，给教师以建设性的教学建议，为有的放矢地制定有效的课程教学设计提供依据。

学生特征档案表格如下所示。

学号	姓名	年龄	性别	性格	认知能力	对学习的期望

其中，性格是指学生在学习和生活过程中表现出来的行为，一般可以用活跃（思维活跃积极发言）、沉稳（有独立见解但不善于表现自己）、随和（人云亦云没有自己的见解）、懒惰（不去思考和参与）等来描述；认知能力指学生通过自己的思维对知识加工处理的能力，通常用强、一般、弱来描述；对学习

的期望指学生对自己学习状况希望达到的状态，其实也蕴含了学生学习的动机，可以用兴趣、有用、学习成绩、教师的评价、家长的评价等来描述。

学生学习档案表格如下所示。

学号	姓名	性别	学习内容	预习测评	课堂测评	作业成绩	掌握程度分析

学生学习档案用于针对一次课的学习内容，查阅学生以往相关基础知识掌握的情况。

（三）进行预习设计

在智慧课堂教学准备中，依据学习目标的要求，结合学生特征档案和学习档案的分析结果，教师便可以有针对性地设计预习内容，提供预习资料，用于学生的预习活动。以"洋葱数学预习学案"为例，学生可预习完成概念课的预习作业，教师在后台可以关注学生的预习数据。

（四）实施预习测评及交流

在课前环节，学生做完预习测试题后通过智慧课堂学生终端将结果上传到测试评价信息系统，系统评价分析完成后，自动输出评价结果，通常可以以表格、条形图或饼形图来表示。在得到这些评价结果的基础上，教师和学生、学生和学生之间可以通过移动终端进行针对性的沟通、交流和讨论，并据此对教学过程进行设计和安排。比如对普遍存在的问题，教师利用新课导入，创设教学情境，给予重点讲解或引导学生进行讨论；对个别学生存在的问题，教师进行个别指导。

（五）进行教学方案设计

课前教学准备要形成课堂教学方案，即教学方案设计。进行教学方案设计要根据课程标准的要求和学生的具体特点，将教学诸要素进行有序安排，通常包括教学目标、教学内容、教学方法、教学手段、教学步骤与时间分配等基本要素，形成合适的教学方案。智慧课堂的教学方案设计，是为意义建构学习而设计教学方案，要围绕学生如何学得更有效来设计和组织教学，要基于信息化环境来设计教学过程。智慧课堂教学设计更加突出教学目标预设、学生学情分析、教学重点与难点、教学媒体手段、教学评价与反思等要素的设计和安排。

（六）课后反馈练习检测

依据学生课堂掌握知识的情况，借助互联网云平台数据，将知识进行归类整理，并重组练习，完成课堂反馈每日一练检测，通过数据分析对比，针对学生的薄弱知识点，相应衍生试题，依据难易程度，再进行推送。每日一练为每天实施内容，七年级、八年级、九年级依据数学学科特征、教学进度、学生掌握情况等完成制题，每周周末，借助云平台数据再次整理学生薄弱知识点，综合一周数学教学内容，整合习题再做练习，实现天天清知识、周周清知识的目的。

（七）假期作业设计

学生假期作业在以往的传统教学中无法做到实时监控，学生的假期学习效果往往会大打折扣。智慧课堂除了监控学生校内学习情况，也在假期中做到线上监控，学生依据自身学习、生活特点，制订自己的"专属"假期计划，从而使教师在放假时也能掌握学生的复习和学习情况。

（1）制定假期电子学习计划表，包括日期、完成内容、假期目标、备注信息等。

（2）使用洋葱数学资源，完成假期数学预习工作。借助洋葱数学操作平台，教师制订洋葱数学假期预习计划，下发告知学生需完成的内容、完成时间、预习作业等。数学教师借助手机、Pad、电脑等终端工具，进行后台监控，查看、批阅学生的预习进度和练习情况，及时同学生及其家长联系，做到个性化指导。

三、智慧课堂教学实施的关键——互动教学

智慧课堂教学实施的关键是互动教学，即把课堂教学过程看作一个教与学融合、交互作用与影响的动态过程，其核心标志是具有立体化的互动交流能力。在教学互动过程中，强调学生是学习活动的主体，教师是学生学习的指导者、帮助者、促进者。它不同于传统的互动教学，不仅仅是师生间、生生间的语言交流讨论，最根本的不同是它借助智能化的移动学习工具和应用支撑平台，实现教师与学生的立体、高效、持续的互动交流，在互动过程中实现协作、探究和意义建构，促进学生的智慧生成与发展。智慧课堂的互动教学体现在学生学习发展的全过程中。

（一）学生信息获取过程中的互动

基于智慧课堂信息技术平台的资源管理与服务系统，可以提供图文并茂、丰富多样的信息，但在互动过程中，学生很容易被过多的信息资源干扰，找不

到对于课程学习最有效的教学资源，从而分散了学生的学习注意力和精力，拉长了教学过程。因此，教师在推送学习资料时，要注意跟踪观察，采取实时引导、提示、发问等方式，形成在学生获取信息阶段的高效互动。

具体来讲，可以采取以下方法和措施。

（1）教师可以在开始实施教学之前或学生查找资料过程中，给学生进行教学资源收集的相关培训指导，让学生知道在什么地方查找、如何查找、搜索什么关键词等。

（2）适时展示学生收集到的资源信息，比较哪位学生收集到的信息更为有效、更有价值。

（3）让学生归纳自己收集到的信息的观点并展示等。学生将自己收集整理归纳的信息通过平台上传给教师，教师可以通过测试评价信息系统的分析结果，了解学生信息获取、整理、归纳的情况，及时给予点评和指导。这些方法的实施，使教学互动过程更为有效，既把控了课堂教学进程，又提高了学生信息获取的能力。

（二）课堂研究探讨过程中的互动

在课堂教学过程中，研究探讨是学生自己建构知识意义的重要环节，通过自己对资料的整理归纳分析、与同学的交流探讨以及与教师的交互沟通，逐步形成较为完整的知识认知。在智慧课堂教学环境下，学生利用信息技术手段获取富媒体学习资源及动态信息，就某个问题展开互动交流和协作探究，展示和分享学习成果，同时教师基于信息技术平台对学生的探究提供指导和帮助，促进学生的知识意义建构。

例如，在研究探讨过程中，学生将不明白的问题，通过移动学习终端，上传和发布到班级讨论栏，并显示在教室的白板或大屏幕上，学生便可以看着白板或屏幕展开讨论。在讨论的过程中，遇到不明白的地方，教师可以指导学生或自己操作示范，现场上网查找探究相关内容，电脑屏幕可以投影在幕布上，学生可以看到查找探究全过程。这样做的好处一方面是课堂探讨气氛较浓，人人都参与到讨论中，避免了学生只是低头看着自己的移动终端，进行"无声"的交流或干别的事情；另一方面教师可以了解研究探讨全过程，了解每位学生的情况，可以随时调整教学方式和进程，寻找适合学生的教学方法和手段。

（三）随堂测评过程中的互动

在智慧课堂教学环境下，随堂测评过程中的互动主要体现在教师通过信息技术平台智能推送测评试题，学生通过信息技术平台完成测试题并提交答案的过程。平台的测试评价信息系统会自动给出客观题的测试评价结果，及时反馈给学生和教师，用于改进教学。

具体来说，智慧课堂信息技术平台利用智能终端和基于云服务的测试评价信息系统，具有多元分析评价功能，对学生的作业测试实时处理、实时反馈，对全体学生的成绩进行及时的统计分析并给出评价结果。教师可以通过结果分析了解学生对知识的掌握情况，并及时进行错因分析，给出正确答案。随堂测评互动既可以在教学过程中，也可以在教学任务完成后进行，以检验学生对某一知识或整个教学内容的掌握情况，便于教师掌握学生学情，有针对性地进行重点讲解、补充说明。

第五部分　效果与反思

一、实践效果

"互联网＋"时代下的初中数学智慧课堂作为一种新型的数学教学形态，通过构建和应用基于新一代信息技术的理想学习环境，有效解决了传统课堂教学过程中存在并难以解决的问题，增强了学生的主体地位和主动学习意识，提高了课堂决策分析和互动交流能力，提升了课堂教学质量和效率。

智慧课堂在财大附中的初中数学课堂中仅有两年的应用，只算是起步，但效果较好，学生对数学课更感兴趣，学习能力得以提升。

二、实操要点

（1）初中数学智慧课堂从过去依赖于存在教师头脑中的数学教学经验转向依赖于对海量数学教学案例和数据的分析，包括学生作业、测试、学案、课堂即时反馈等学习过程各环节，依据学生学习行为数据挖掘分析与决策，用直观的数据实时了解学生数学课堂上对知识掌握的水平，用数据描述每一个学生的个性化特征和差异，据此实施精准教学。

（2）智慧课堂中没有了传统的讲台、黑板和粉笔，课桌、座椅以分组讨论方式摆放，教师始终面向学生教学并直接融入小组讨论；教师可以通过手中的移动终端设备（智能手机、Pad 等）实现书写并向教室内大屏幕投射，教师常用的PPT 不仅可以一帧一帧地展示，而且可以进行任意的手写、标注、推演等。

（3）智慧课堂的教学进程从"先教后学"向"先学后教""以学定教"转变，教师依据动态测评分析，掌握每个学生的知识掌握情况和个体差异，有的放矢、分层教学，通过微课吧、分组讨论、精讲点评、分层练习等方式组织更有针对性、个性化的课堂教学，真正实现了个别化教学和因材施教。学生依据学习行为数据分析结果和建议选择符合个性特征的学习策略，实现个性化学习成长。

（4）通过智能评测系统实现数字化作业或预习预设的问题评测，收集、判断学生已掌握的知识和技能情况，实现自动数据分析与反馈，为教师的备课提供及时、准确、立体的信息。通过随堂练习及评测系统，对学生的课堂练习及作业实现系统的自动批改，进行实时评价与统计，快速分析和反馈学生的课堂学习效果。通过课后作业数据分析和反思评价，基于数据的分析成为引导学习的依据，据此可以有效地对学生进行个性化的辅导，实现教学的持续改进。

三、反思

（1）智慧课堂是一种基于"云端"的在线学习方式，这就决定了智慧课堂的评价必须采取区别于传统教育的新方法，否则就会导致评价形式化和片面性等问题。智慧课堂的学习评价不仅关注学业内容等评价，也倾向于对学生学习过程的全方位评价，它是一个贯穿学生课前、课中、课后学习的整个学习过程，侧重于学生学习能力的养成，更关注学生的纵向发展，这使学生在学习课业知识的同时提升自身能力，优化学习策略和习惯，建构受用终身的独特学习方式。此外，智慧课堂的学习评价还重视学生自我反思性评价，注重发挥学习的主体作用，引导学生主动监控自己的学习行为和主要学习环节，使评价过程成为学生的有益学习经历，促进学生的自主发展。从传统课堂到智慧课堂，这是一个走在时代前沿的新构想。随着大数据时代的到来，智慧课堂将打造高端、优质、精品的智慧校园，实现从单向传输到多向传输，从固定选择到自主选择，从纸张教材到屏幕显现，从课堂前沿到移动终端，从"互联网＋"的思维模式到大数据、云计算等新一代信息技术，让教学过程打破时空界限，更能激发学生的兴趣、引导学生创新、促进学生参与，使教学从封闭的知识体系转变为开放的知识体系，从而实现教育个性化与人性化的和谐统一，达到现代化信息技术与教育、教学、管理、评价、家校沟通以及整个校园文化建设的完美结合，它将赋予财大附中新的活力。

①智慧课堂让财大附中敞开校门。学校不能"宅"，世界那么大，也需要去看看！要打造教育公平、实现科学管理、进行个性化教学的示范性学校，我们的智慧课堂将敞开校门，让兄弟学校走进校园，实现校际交流，共享网络资源、提升教师业务能力，最终达到内强素质、外塑形象，提升财大附中品牌价值的目的。

②智慧课堂让财大附中课堂重拾本真。教育的本真在于教师教得轻松、学生学得快乐，以往的教学是撒网式、灌输式教学，拥有智慧课堂的财大附中不再是"先教后学、以教定学"，而是"先学后教、以学定教"，因为智慧课堂能丰富备课资源、激发课堂兴趣、调动课堂气氛，快速掌握学生的学习状况，真正做到关注差异、实时指导、因材施教、快乐学习、健康成长。

③智慧课堂让财大附中学生积极创新。智慧课堂的根本在于挖掘学生未开启的学习潜能，释放学生曾被压抑着的积极性与创造性。拥有智慧课堂的财大附中，"课堂"已经不再是被动学习，而是主动参与，"想象"已经不再是无源之水、无本之木，而是拥有本真，"学习"已经不再是听、说、读、写机械重复，而是身临其境的亲历感悟。身处云端的智慧课堂，能寻找到丰富的学习资源，分享到独立的思考成果，寻觅到高校的合作交流，让学习变成最快乐的事！让创新变成一个又一个最具魅力的美丽音符！

④智慧课堂让家校网络合作共赢。拥有智慧课堂的财大附中，将以移动终端为媒介，随时了解孩子学习近况，掌握孩子学习动态，追踪孩子校内新闻，实现家校合作联盟，达到家校无障碍沟通，构建家校网络共赢，争当家校网络先锋。

⑤智慧课堂让财大附中教学常态发展。先进、方便、快捷、实用的智慧课堂应用，大大彰显了微课制作功能、微课推送功能、动态评价功能、数据分析功能、智能终端应用功能等。常态化的教与学的应用，使智慧课堂的再生不再只是表演，而是保证了基于"云、网、端"的教学应用正常化，保证了财大附中智慧课堂稳定发展，促进了智慧课堂生成性的常态发展。

（2）初中数学智慧课堂的实施需要软件和硬件的保障，同时还需要数学教师肯下功夫、决心学习新知识和敢于突破传统教学方式的勇气。而对于学生，要想学好数学，首先是对学科的兴趣和适合的方法。智慧课堂的终端设备：其一是教师端的设备，需要教师学习操作，并熟练掌握；其二是学生端的设备，需要学生的自主学习意识和学生家长的配合管理，只有做到家校配合，同时学生的主观意愿强，愿意主动学习、自觉学习，挖掘学生的内在学习动能，便可保障智慧课堂的实施效果。

（3）技能是一方面，教师的专业功底也是重要保障之一。智慧课堂只是教学方式的转变，但不影响教师的教学教法，不是阻碍，而是促进，教师更需要适度引导学生，或点拨，或解惑，或提示，或设问，等等。如借助智慧课堂大数据、云平台的资源，创设合适的情境，生成课题，激发研究兴趣，明确研究内容和研究方法；根据智慧课堂生成的即时数据，掌握学生学习中出现的问题，或进行启发性的描述，使学生得到仿效和借鉴；或对有关问题的前景进行生动的描述，使学生打开眼界、拓宽思路；或列举一些矛盾现象，依据后台数据的分析处理，挑选与遗漏知识点相关联的习题，让学生深入思考，总结经验教训；等等。通过教师借助智慧课堂平台的适度引导，使学生自学有内驱力、有内容、有方法，使议论有序、有激情、有见地、有深度，最终使课堂学习达到预期目标，培养全面发展的人。

教育不是急功近利、一蹴而就的行业，也没有哪一种教学方法或模式能够一劳永逸。身为教育工作者，只要愿做一名好老师，愿为教育倾心尽力，就得不断探索、不断汲取、不断提升。教育是一项常做常新的事业，是为人的一生奠定基础的事业，我们既不能盲目跟风，也不能闭门造车，更不能停滞不前，尤其在国家实现教育均衡、信息化建设大数据互联网下的今天，我们必须打开思路、深入思考教育教学之路径。只要是对学生、教师有利的事就要全力以赴地去做，在此过程中边学习、边思考、边完善、边创新，只有这样才不负家长的信赖、社会的期望及自己的良心，做真教育，真做教育，做人民满意的教育。

引领卓越

重视设计引领　落实核心素养

——"分式的基本性质（第1课时）"教学设计

一、教学内容解析

1. 教材的地位与作用

"分式的基本性质"选自人民教育出版社初中数学八年级上学期第十五章
15.1.2的第1课时。本节课是在学生小学学段学过分数的基本性质和初中掌握
了整式的四则运算、多项式因式分解和分式概念的基础上进行的。本节课的学
习和探究方法，为后续学习其他分式奠定了知识基础，也指明了探究方向，让
学生理解分式的基本性质，在解决一些实际问题的过程中，进一步发展学生的
规则意识和符号意识。"分式的基本性质"是"分式"的重点内容之一，是分
式变形的依据，也是进一步学习分式的通分、约分及四则运算的基础，使学生
掌握本节内容是学好本章及以后学习方程、函数等问题的关键。

2. 对教材的分析和处理

（1）教材复习了分数的基本性质，通过一个"思考"实现过渡，类比得出
分式的基本性质，为了帮助学生加深对"类比"这一数学思想的领会，加入了
"鲁班造锯"的故事。

（2）教材通过类比引出分式的基本性质，并将文字语言转化为符号语言，
最后是例题学习，但是学生能否深入理解并灵活应用估计是学生的薄弱环节，
通过"问题导引、自主探究、成果展示、适度引导"教学法来突破本节课的难
点，让分式基本性质中"数学抽象""数学运算""逻辑推理"这些核心素养得
以落实。

（3）考虑到"分式的基本性质"第2课时通分和约分将涉及分式的符号法

则，在本节课中，通过活动帮助学生探究分式的符号法则，这也是对分式基本性质进行深入理解。这样处理，可以做到活用教材，而不是死板地教教材。

3. 教学目标解析

通过分析教材，研究《标准（2011 年版）》，结合学生的实际情况，制定了本节课的教学目标。

（1）通过实例和故事引入，初步掌握分式的基本性质，体会"类比"这一数学思想方法，经历数与式的演变过程，进一步发展符号感，在探究中获得一些探索定理性质的初步经验。

（2）通过分数与分式的比较，进一步理解"类比"的数学思想，体会分数基本性质与分式基本性质之间的内在联系，通过活动来实现分式性质在分式变形上的灵活运用，突出转化的思想，形成联系的观点，为第 2 课时学习分式的通分和约分打下坚实的基础。

4. 教学重点和教学难点

（1）教学重点：理解并掌握分式的基本性质。

（2）教学难点：灵活运用分式的基本性质将分式变形。

二、教学问题诊断分析

（1）学生对分数的基本性质是比较了解的，七年级下学期学习了整式的四则运算，为学习分式的基本性质打下了基础，但在将文字语言表述的分式基本性质转化为用符号表示的分式基本性质时会遇到困难，教学中应予以引导。

（2）在小学讲述到分式的基本性质时，虽然也强调 $C \neq 0$，但在实际上不可能用零去乘以（或除以）分数的分子与分母，所以这个条件常常被忽略，而在初中数学分式中，C 是一个含字母的代数式，由于字母取值的任意性，所以就有 $C = 0$ 的可能性，此时，学生会遇到困难。因此，当我们应用这一性质时，都应考查 C 这个代数式的值是否为零，养成随时注意在怎样的条件下应用这个性质的习惯，因此，教师抓住教学契机进行适度引导，从而有效突破这一难点。

（3）在利用分式的基本性质进行分式变形时，学生会遇到困难，培养善于观察、勇于探索和勤于思考的精神，主要采用"问题导引式"的方法进行教学，针对学生的认知规律进行问题的设计，并注重问题设计的有效性和思维性，帮助学生掌握方法和规律，当学生又遇到新困难时，应及时调整教学策略，相机引导，诱发学生反思，对学生进行有效的启发和点拨。

三、学习行为分析

学生在所学分数的基本性质的基础上，积极参与教学活动，既能通过类比得出分式的基本性质，又能深入理解和灵活应用分式的基本性质，应该积极思考教师提出的问题，自主探究、合作交流、展示成果、质疑释惑，最终实现教学目标。教师多给予学生鼓励，帮助学生基于分式的基本性质来分析问题和解决问题，让学生亲自尝试，接受问题的挑战，充分展示自己的观点和见解，给学生创设一个宽松愉快的学习氛围。在教师的引导下，学生独立思考、合作学习，从而构建起自己的知识经验，形成自己的见解，从探究活动中获得成功的体验。

四、教学条件支持分析

本节课以探究式课堂的形式组织教学，借助多媒体信息技术加强学生对所学知识的理解和运用。首先通过设置问题情境，充分使信息技术与数学课程进行整合，更好地突出类比思想。由于本节教学内容的特点，学生可类比分数，教师可引导、组织学生有意识地去观察、类比、归纳，积极思考，大胆猜想，拓展思维，主动构建分式的基本性质的知识，从中激发学生的学习兴趣，营造出一个开放的数学学习环境。

五、教学过程

数学课堂教学是有理、有序、有效的育人活动，根据《标准（2011 年版）》的要求，本节课的教学过程将从下面八个环节展开。

1. **小举例子，温故知新**

问题 1：下列运算过程是如何进行的？

计算：$\dfrac{1}{16} = \dfrac{4}{64}$ $\dfrac{20}{1280} = \dfrac{1}{64}$

【设计意图】通过两个分数的运算，回顾分数的基本性质的应用。

问题 2：上面的运算过程中运用了什么性质，怎样用文字语言和符号语言来叙述这个性质？

【设计意图】让学生用自己的语言表述分数的基本性质，用符号语言表示数的基本性质，进一步培养学生的数学抽象素养。

2. 创境引入，类比揭题

创设情境：教师用计算机播放下面的故事和图片。

春秋时期鲁国的公输班（后人称鲁班，被认为是木匠业的祖师）一次去林中砍树时被一株齿形的小草割破了手，他发现小草叶子的边缘布满了密集的小齿，于是便产生联想，根据小草的结构发明了锯子，这桩倒霉事却使他有了新发明。——《鲁班造锯》（图 1）

图 1

问题 3：鲁班在这里运用了哪种思想方法？

【设计意图】创设符合学生认知规律的情境，激活学生的记忆，让学生带着浓厚的兴趣和数学思考，体会数学思想也是源于生活的，数学思想极具创造性。鲁班在这里就运用了类比的思想方法，类比也是数学学习中常用的一种重要方法，在分式这一章里更为常见，为下一个教学环节做好铺垫。

3. 问题探究，自主构建

问题 4：下列从左至右的变形成立吗？为什么？

①$\dfrac{1}{x} = \dfrac{1 \times 5}{x \times 5}$；　②$\dfrac{1}{x} = \dfrac{1 \times a}{x \times a}$；　③$\dfrac{1}{x} = \dfrac{1 \div 5}{x \div 5}$；　④$\dfrac{1}{x} = \dfrac{1 \div b}{x \div b}$.

问题 5：能归纳出以上式子所体现的变形吗？

【设计意图】通过上面的两个问题，引导学生先类比联想，再验证猜想。其中，问题 4 中①和③表现出来的仅是数的乘法（或除法）变形，估计学生表述时可能出现下面的错误：分式的分子与分母都乘以（或除以）同一个整式，分式的值不变。错误的原因是漏掉"不为零"的条件，此时要通过问题 4 中的②和④反问或出示反例使问题显现出来，从②过渡到④则可以说是思维的"强化"，达到学生自我完善其基本性质的目的。

问题 6：结合分数的基本性质的内容，如何用文字语言表述分式的基本性质、用符号语言表示分式的基本性质？

【设计意图】在这个活动中，首先激活了学生原有的知识，体现了学生的学习是在原有知识上自我生成的过程，这个探究过程要强化"类比"的思维过程，体现了从一般到特殊的思想方法，然后试着用文字语言表述，最后用符号语言表示，进一步将分式的基本性质抽象化，便于学生理性感悟，培养数学抽象的核心素养。

分式的基本性质：分式的分子与分母乘以（或除以）同一个不等于 0 的整式，分式的值不变。

字母表示为：$\dfrac{A}{B}=\dfrac{A\cdot C}{B\cdot C}$，$\dfrac{A}{B}=\dfrac{A\div C}{B\div C}$（其中 A，B，C 是整式，且 $C\neq 0$）

问题 7：请用自己的话解释分数基本性质和分式基本性质的关系，并举例说明。

问题 8：你可不可以举个例子来说明一下今天所学的性质？

【设计意图】此处设计的问题 7 和问题 8 是利用布鲁姆提问法，即在教学中，我们想检测学生是否理解知识，可以这样提问，用自己的话解释、用画图解释、用符号表示、用肢体语言表示，举一个生活中的例子，总结相同点与不同点，通过同学们从各个角度的解释来分析他们是否真正地理解了。特别是问题 8，引导学生举出形如 $\dfrac{x}{2x}=\dfrac{1}{2}$，$\dfrac{b}{a}=\dfrac{ab}{a^2}$ 的例子。

4. 巩固认知，推进理解

例 1　填空：

（1）$\dfrac{x^3}{xy}=\dfrac{(\quad)}{y}$，$\dfrac{3x^2+3xy}{6x^2}=\dfrac{x+y}{(\quad)}$.

（2）$\dfrac{1}{ab}=\dfrac{(\quad)}{a^2b}$，$\dfrac{2a-b}{a^2}=\dfrac{(\quad)}{a^2b}$（$b\neq 0$）.

问题 9：观察例 1 中的两个分式在变形前后的分子、分母有什么变化？类比分数的相应变形，你联想到了什么？

【设计意图】通过例1两个问题帮助学生巩固分式的基本性质的两种变形：同乘以与同除以，尤其是通过练习突出了"不为零"的条件。在解答前，引导学生思考：怎样从左边变成右边？是如何变形的？根据是什么？用"看分母如何变化，想分子如何变化；看分子如何变化，想分母如何变化"来理清思路，学生不仅能学会这种变形，同时还能思考问题的方法，在变形过程中，运算上要注意整式乘法、因式分解的知识应用，从细节方面培养学生数学运算的核心素养。

5. 自由畅谈，展示成果

例2 回顾：判断对错：

(1) 若 $a > b$，则 $ac^2 > bc^2$. （   ）

(2) 若 $ac^2 > bc^2$，则 $a > b$. （   ）

类比：判断下列从左到右的变形是否正确。

(1) $\dfrac{a}{b} = \dfrac{ac^2}{bc^2}$. （   ）

(2) $\dfrac{ac^2}{bc^2} = \dfrac{a}{b}$. （   ）

(3) $\dfrac{x+y}{x-y} = \dfrac{(x+y)^2}{x^2-y^2}$. （   ）

(4) $\dfrac{(x+y)^2}{x^2-y^2} = \dfrac{x+y}{x-y}$. （   ）

【设计意图】设计了不等式和分式的"共性"知识，再次凸显类比思想，并让学生自主探索、合作学习，通过学生展示，在暴露问题的同时，让学生自己总结，形成成果。

巩固练习：

判断下列从左到右的变形是否正确。

(1) $\dfrac{b}{a} = \dfrac{ab}{a^2}$； (2) $\dfrac{b}{a} = \dfrac{ab^2}{ab}$； (3) $\dfrac{b}{a} = \dfrac{b+c}{a+c}$； (4) $\dfrac{b}{a} = \dfrac{bc}{ac}$； (5) $\dfrac{bc}{ac} = \dfrac{b}{a}$.

【设计意图】此环节中，从例2到巩固练习，一定要注意引导学生演绎推理，培养逻辑推理的核心素养，给学生提供一定的空间，让学生的思维自由发展，设置例2和巩固练习的目的是让学生自己挖掘出通分与约分的重要变形，为后续学习打牢基础。

6. 合作交流，延伸突破

问题 10： 下列等式成立吗？为什么？

（1）$\dfrac{-a}{-b}=\dfrac{a}{b}$；（2）$\dfrac{-a}{b}=\dfrac{a}{-b}=-\dfrac{a}{b}$；（3）$-\dfrac{-a}{-b}=\dfrac{-a}{b}=-\dfrac{a}{b}$.

问题 11： 分式的变号法则是什么？

【**设计意图**】引导学生回顾分数共有分子、分母与分式本身三种符号，同样分式也有分子、分母与分式本身三种符号，让学生合作交流，结合分式的基本性质，类比后得出分式变号法则：分式的分子、分母与分式本身的符号，改变其中任何两个，分式的值不变。

例 3　不改变分式的值，使下列分式的分子与分母都不含" – "号。

（1）$\dfrac{-2a}{-3b}$；（2）$\dfrac{-3x}{2y}$；（3）$\dfrac{c}{-d}$；（4）$-\dfrac{-x^{2}}{y}$.

【**设计意图**】进一步巩固分式变号法则，同时为将要学习的通分与约分的变号埋下伏笔。

7. 回顾总结，提升认知

（1）分式的基本性质是什么？如何利用分式的基本性质进行分式的变形？

（2）分式的变号法则是什么？

（3）分式基本性质的研究方法：从特殊到一般，即从分数到分式，也是分式这一章的基本研究方法。

（4）思想总结：类比思想。

【**设计意图**】认知能力的提升，来源于不断地反思与总结，这一环节由学生谈对于本节课的认识，实现生生交流，然后教师从对知识总结自然过渡到分式问题研究的一般方法，包括研究本章的数学思想。引导学生体会在已有的知识基础上，构建新知的方式和方法。

8. 布置作业，提高技能

必做： 教材习题 15.1 第 4 题、第 5 题，预习通分和约分。

选做：

（1）教材习题 15.1 第 12 题。

（2）填写下列等式中未知的分子或分母。

①$\dfrac{x+y}{x-y}=\dfrac{x^{2}-y^{2}}{(\quad)}$；

② $\dfrac{(b-a)\ (c-b)}{(a-c)\ (a-b)\ (b-c)} = \dfrac{(\qquad)}{(a-c)}$;

③ $\dfrac{b-a}{a} = \dfrac{(\qquad)}{ab}$ $(b\neq 0)$.

【设计意图】巩固本节课所学知识，同时根据不同程度的学生设计了分层次的作业，将课堂知识延伸到课外。

六、教学设计点评

"分式的基本性质"一课的教学设计以"问题导引、自主探究、成果展示、适度引导"的教学法为指导，整体设计力求有助于学生的理解和掌握，提高教师教学能力，让学生通过自学、合作、交流、反思、感悟的过程，激发学生探究新知的兴趣，感受探索、合作的乐趣，并从中获得成功的体验，真正体现学生是学习的主人。

本节课首先从分数的性质的相关问题出发，以问题串的形式，并引入了鲁班造锯的故事，引导学生主动探究，通过自主探究、合作交流构建分式的基本性质，着重培养学生的探究意识和探究能力，体会类比思想。其次通过解决教师设计的一系列数学问题，体会如何应用分式基本性质解决实际问题，提高学生的应用意识，激发学生的求知欲。最后通过适量练习及反馈，实现自我的知识构建，并形成技能，获得方法。在教学设计上，一方面，重视创设问题的语言和分析例题的引导语言的关键作用，既要启发学生，又要简练、点到为止，做到适度引导。注重个性培养和因材施教，让学生保持强烈的好奇心和求知欲，通过亲自实践，经历数学知识的形成过程，学生不仅学到数学知识和数学方法，而且养成良好的思维习惯，提高了认知水平，增强了自信心。另一方面，重视学生的思维活动，尽可能地创设情境提供素材，激发学生的兴趣，学生也能够积极参与，给学生充足的思维时间，仔细观察、比较、猜想、分析思考和归纳规律，自己发现问题、认识事物、展示成果、得出答案、提高能力，从而达到探究式教学的目的。

教学过程从学生已有的认知结构出发，注重新旧知识的联系，创设问题情境，激发思维，使其在原有认知基础上既发展了新知识，又完善了认知结构，充分体现数学思维的合理性、自然性，在学生自我展示的过程中感受到学习的成功，增强学习的信心。本节课让学生经历一系列探究互动过程，多处设计类比素材，反复渗透类比思想，帮助学生建立符号意识，达到学生知识的构建、能力的培养、情感的陶冶、意识的创新的目标。

　　总之，本节课设计问题简洁有效，设置的探究活动目的明确，内容恰到好处，阶段小结适时而有针对性，师生互动自然，体现了"以学生为本"的理念和"以学生为中心"的教学活动原则，用设计引领教学，提升思维的参与度，落实数学核心素养，是一节成功的代数探究课。

2020 年云南省初中数学学业水平
考试试题分析与评价

一、试卷概述

2020 年云南省初中数学学业水平考试试题功能性明确，试题注重对学生数学核心素养的考查，强调通性通法，重视数学知识的拓展应用，具有覆盖面大、重点突出、难度适中、坡度合理和比例恰当的特点，它能充分反映学生的真实学业水平，有利于学校推进课程改革，有利于高中招生录取参考。试题体现新课程改革的理念，既考查学生的基础知识、基本技能、基本思想方法和基本活动经验，又注重考查学生发现问题、提出问题、分析问题、解决问题的能力，同时也关注对应用性问题、探索性问题的设置，体现了数学内在知识的联系，对学生灵活运用"四基"解决问题提供了广阔的空间。整套试题体现"稳中求变、变中求新、变中向好"的命题特点，在促进课程改革的同时，培养学生的创新能力和实践能力，减轻学生负担，促进学生主动学习，全面和谐、富有个性地发展和可持续发展。

二、试卷的内容及考查考点的情况分析

云南省学业水平考试试题内容比例

内容	数与代数		图形与几何		统计与概率		全卷
	题号	分值	题号	分值	题号	分值	分值
填空题	1、3、4、5	12	2、4、6	6			18
选择题	7、9、12、14	16	8、11、13	12	10	4	32

续　表

内容	数与代数		图形与几何		统计与概率		全卷
	题号	分值	题号	分值	题号	分值	分值
解答题	15、18、21、23	32	16、20、22、23	23	17、19	15	70
合计		60		41		19	120
分值百分率	50%		34%		16%		100%

试题覆盖面广，达到85%，考查数与代数、图形与几何、统计与概率三个领域的内容（图1）。

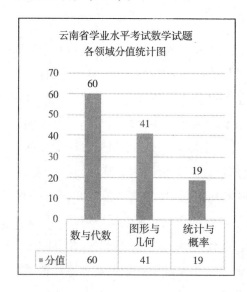

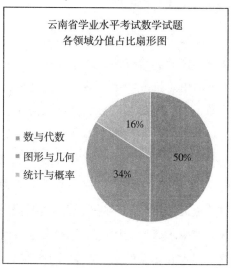

图 1

（一）　数与代数

板块	题号	题型	分值	内容
1. 数与式（包括有理数、实数、代数式、整式与分式）	1	填空	3	相反意义的量（有理数）
	3	填空	3	二次根式的意义，解不等式（代数式）
	7	选择	4	较大数的科学记数法（有理数）

续 表

板块	题号	题型	分值	内容
1. 数与式 （包括有理数、实数、代数式、整式与分式）	9	选择	4	算术平方根的计算，负整数指数幂的计算，积的乘方的运算，同底数幂的除法运算，强调底数不为0（运算实数、整式）
	12	选择	4	规律探索求通项，零次指数幂（代数式）
	15	解答	6	化简求值计算（分式的乘除运算，因式分解）
2. 方程与不等式 （包括方程与方程组，不等式与不等式组）	3	填空	3	二次根式的意义，解简单的不等式（不等式）
	5	填空	3	一元二次方程根的判别式（含参数）（$\triangle=0$），一元一次方程
	14	选择	4	不等式组（含参数），分式方程（含参数），求不等式组整数解
	18	解答	8	分式方程应用题，含分式的加减运算（方程）
	21（1）	解答	2	二元一次方程组列式求解，也可用一元一次方程求解
	21（2）	解答	3	不等式组的求解取整
	23（1）	解答	3	二元一次方程组求解
3. 函数 （包括一次函数、反比例函数、二次函数、函数概念）	4	填空	3	反比例函数，待定系数法，图像及性质
	21 （2、3）	解答	6	一次函数，函数的实际应用（调配问题，求最值）
	23 （2、3）	解答	9	二次函数的图像及性质，与几何相联系

（二）图形与几何

板块	题号	题型	分值	内容
1. 图形的性质（包括点、线、面、角、相交线与平行线、三角形、四边形、圆）	2	填空	3	两直线平行，同位角相等（平行线性质）
	6	填空	3	矩形的性质，勾股定理，垂直平分线的判定
	11	选择	4	平行四边形的性质，中位线定理
	13	选择	4	正方形的性质，圆锥侧面展开图，扇形圆心角
	16	解答	6	全等三角形判定（SSS 公共边）
	20（1）	解答	4	圆的切线判定，垂直定义，等边对等角，平行线判定及性质（内错角）
	20（2）	解答	4	圆周角定理的应用（直径所对的圆周角是90°）
	22（1）	解答	4	菱形的性质及判定，等边三角形的判定，30°所对直角边是斜边的一半，直角三角形斜边上的中线是斜边的一半，角平分线的性质
	22（2）	解答	5	直角三角形面积，勾股定理，菱形面积公式
	23（2）	解答	4	最短路径问题
	23（3）	解答	5	等面积法的转化（或构造"8"字形相似）
2. 图形的变化（包括图形的轴对称、旋转、平移、图形的相似、三视图）	6	填空	3	相似的应用
	8	选择	4	三视图（主视图）
	11	选择	4	相似（面积比是相似比的平方）
	20（2）	解答	4	锐角三角函数的基本应用
3. 图形与坐标（包括坐标与图形位置，坐标与图形运动）	4	填空	3	反比例函数，待定系数法，先求函数解析式，再确定坐标
	23（2）	解答	4	最短路径问题，在二次函数对称轴上确定坐标
	23（3）	解答	5	坐标法和方程思想确定满足条件的坐标

（三）统计与概率

板块	题号	题型	分值	内容
1. 统计（包括统计量、统计图表、统计推断）	10	选择	4	抽样调查与普查的概念，事件的分类（三角形内角和与外角和定理），方差的运用分析，频率与概率的联系
	17	解答	8	数据的收集、整理、描述和分析的过程。平均数、中位数、众数
2. 概率（包括概率的意义，用列举法求简单事件的概率）	10	选择	4	事件的分类，频率与概率的联系，合理解释简单的随机现象
	19	解答	7	用列举法求简单事件的概率（放回模型）

（四）综合与实践

板块	题号	题型	分值	内容
综合与实践	6	填空	4	动手画出图形，进行分类并计算
	21	解答	8	调配问题，最优问题，建立方程、函数模型，解决问题，结合实际情境，经历设计解决具体疫情运输问题的调配方案，并加以实施的过程
	23（2）	解答	4	最短路径问题，动手操作画图求解
	23（3）	解答	5	利用相似三角形的判定与性质构造求解

三、主要特色

1. 立足基础，关注数学核心知识内容的考查

2020 年云南省初中数学学业水平考试试题的命制，遵循义务教育数学教育课程标准基础性、应用性要求，立足基础，考查了学生在学习数学和应用数学解决问题的过程中必须掌握的基本概念、思想方法、基础知识和常用技能等最基本、最核心的内容，如第 1~5 题、第 7~11 题、第 16~20 题、第 21~23 题部分小问等题目考查的知识起点低，偏向于水平考试。

135

2. 突出重点，关注重要数学思想方法的考查

数学思想方法是数学的灵魂，是培养学生数学思维能力的重要环节，其往往借助看似平实简洁的问题设置，却能凸显数学思想方法在解题时的重要作用。

以下是本次试题中所涉及的基本数学思想及对应试题题号。

① 分类讨论思想：6	② 数形结合思想：4、14、23（2）（3）
③ 转化思想：4、6、13、14、20、23（2）	④ 方程思想：18、21
⑤ 函数思想：21（2）（3）、23	⑥ 待定系数法：4、23（1）
⑦ 统计思想：17、19	⑧ 一般到特殊思想：12、22、23

本次试题中所涉及的基本数学思想对应试题占整套试卷总题数近50%，其中第23题为二次函数综合性、探究性试题，综合考查了多种思想方法，如数形结合思想、转化思想、函数思想、待定系数法，一般到特殊的思想，增加了试题的难度，加大了对学生能力的考查力度。本次试题需要学生深刻领会各知识点的内涵，把握知识间的内在联系，综合运用知识解决问题，具有较好的区分度。

3. 关注基本活动经验，考查学生的"四能"

本次试题也在遵循义务教育数学教育课程标准的综合性、创新性，有层次性地考查学生发现问题、提出问题、分析问题和解决问题的能力，更加注重对学生归纳推理能力、发散思维能力、信息处理能力和分析与解决实际问题的能力等各种数学能力的考查。

如第7题、第17题、第18题、第19题、第21题，关注数学与现实的联系，注重对学生运用数学知识分析和解决简单实际问题的能力的考查；如第12题、第17题、第21题、第23题，突出考查了学生的信息处理、归纳、探究能力；如第6题、第14题、第20题、第22题突出考查了学生的推理能力和分析问题、解决问题的能力。

第4题可用反比例函数待定系数法解决，也可选择反比例函数的几何意义数形结合思想入手解决。

第5题可用一元二次方程判别式公式解决，也可使用解一元二次方程的配方法猜想验证解决。

第6题、第14题、第23题作为难度系数较高的试题都需要学生依据题意

作图完成，考查学生的动手作图能力。

第 12 题要求学生在从特殊到一般的实例中探索其规律，分析、归纳、探究规律，作为选择题，学生也可从选项中赋值进行验证求解。

4. 通过图形变换和运动变化，考查学生的空间观念和探究能力

经历探索图形性质和图形变换以及平面图形与空间图形的相互转换的过程是课程标准规定的基本目标，重在对学生探索问题的能力、创新能力的考查是本次数学试题的又一特点。从一般到特殊，再到一般，分类讨论是关键。如第 6 题、第 22 题、第 23 题等，都涉及图形的运动变化。

第 6 题需要学生作图研究完成，其中线段垂直平分线的判定是关键，并能理解概念，线段垂直平分线是直线，两端可无限延长，因此分类讨论便是最关键的，培养学生透过现象看本质的洞察力。

第 22 题综合考查了菱形、等边三角形、直角三角形等知识，方程思想构建勾股定理是关键，重在考查学生的推理能力，但此题也有陷阱，第（1）问的结论不能用于解决第（2）问，因此，此题也意在让学生感受图形变化的一般到特殊性，其中蕴含了"运动与静止的对立统一""在变化过程中寻找某些量的不变属性"这一重要的数学基本观念。

第 23 题加强了对学生探究二次函数学习过程与方法的考查，主要考查了待定系数法，二次函数图像与性质，相似三角形的性质和判定，轴对称的性质应用求线段的最值等，第（2）、第（3）问突出考查从一般到特殊的数学思想和实验探究能力，让学生经历了动手操作、观察猜想、合情推理的全过程，较灵活地考查了学生"变中求不变"的探究意识和应变能力。通过对不同层次的学生采用不同的评价，体现了尊重学生的数学个体差异，使得每一位学生都能解答最后一题，建立学生做题信心。

5. 抓住核心，注重数学素养的考查

《标准（2011 年版）》中提出了 10 个核心概念，即数感、符号意识、空间观念、几何直观、数据分析观念、运算能力、推理能力、模型思想、应用意识、创新意识。这 10 个核心概念是学生在义务教育阶段最应培养的数学素养，同时也是数学课堂教学的目标，为高中阶段的数学学习做铺垫与地基。2020 年云南省初中数学学业水平考试试题中的 23 道题对这 10 个核心概念有所渗透。

核心概念	对应题号
数感	1、7、12、21
符号意识	1、3、5、9、12、14、15、21、23
空间观念	6、8、13、23
几何直观	2、6、8、16、22、23
数据分析观念	10、17、19
运算能力	3、4、5、6、9、11、13、14、15、18、20、21、22、23
推理能力	2、6、11、13、14、16、20、22、23
模型思想	18、21
应用意识	17、18、19、21
创新意识	6、14、23

以下是这10个核心概念在试题中渗透的题数分布情况，其中运算能力试题数量较多，达14道题，数据分析观念、模型思想、创新意识试题数量较少，均为3道题（图2）。

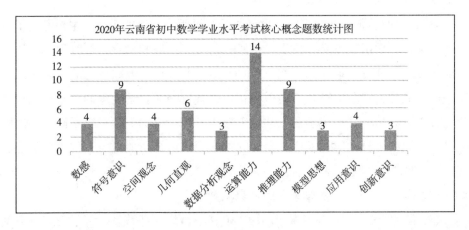

图2

6. 依据课程标准和新教材，充分发挥试题的导向作用

本次试题紧扣《标准（2011年版）》和教材，着力体现课改理念和新课程标准的精神。大部分基础性试题都源于教材，如第1题、第2题、第3题、第4题、第5题、第8题、第9题、第10题、第11题、第12题、第15题、第16题、第17题、第18题、第19题、第20题、第21题，将教材中的例题、习

题，通过类比、改编、延伸、拓展、变式，选材源于教材而又高于教材，注重引导教师创造性地使用教材。

例 1（2020·云南省卷，第 15 题）。先化简，再求值：$\dfrac{x^2-4x+4}{x^2-4} \div \dfrac{x^2-2x}{x+2}$，其中 $x = \dfrac{1}{2}$。

【设题特色分析】 本试题考查分式的除法运算，掌握把除法转化为乘法是结题的关键，运算过程中需先把分子、分母因式分解，因此亦在考查提公因式法和公式法中的完全平方公式与平方差公式试题，分式化解后的结果为 $\dfrac{1}{x}$，将 $x = \dfrac{1}{2}$ 后，还需再求倒数，考查倒数。本试题由人教 2013 年版初中数学八年级上册第十五章"分式"复习题改编而来，把重点放在了因式分解和分式乘除化简运算的考查上，结构简单，化简与计算后结果简单，杜绝了烦琐的计算。

例 2（2020·云南省卷，第 16 题）。如图 3，已知 $AD = BC$，$BD = AC$。求证：$\angle ADB = \angle BCA$。

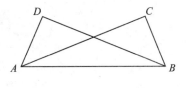

图 3

【设题特色分析】 本试题考查全等三角形的判定与性质，能正确使用"边边边"推理证明三角形全等。此试题源于人教 2013 年版初中数学八年级上册第十二章"全等三角形"的判定内容，图形属常见轴对称图形，其中 AB 边为两个三角形的公共边，在于考查学生的逻辑推理能力。

例 3（2020·云南省卷，第 17 题）。经理、职员 C、职员 D 从不同的角度描述了该公司员工的收入情况（图 4）。

设该公司员工的月工资数据（见下述表格）的平均数、中位数、众数分别为 k、m、n，请根据上述信息完成下列问题。

（1）$k =$ _____，$m =$ _____，$n =$ _____；

（2）上月一个员工辞职了，从本月开始，停发该员工工资。若本月该公司剩下的 8 名员工的月工资不变，但这 8 名员工的月工资数据（单位：元）的平均数比原9名员工的月工资数据（见下述表格）的平均数减小了。你认为辞职的那名员工可能是_____。

某公司员工的月工资如下：

员工	经理	副经理	职员A	职员B	职员C	职员D	职员E	职员F	杂工G
月工资/元	7000	4400	2400	2000	1900	1800	1800	1800	1200

图4

【设题特色分析】 本试题考查统计调查的应用，根据要求选择合适的统计量，熟知平均数、中位数、众数的定义和意义。第（1）问学生通过阅读图片中信息即可得到员工月工资数据分析的平均数、中位数、众数，培养学生阅读能力和数据分析的能力；第（2）问根据平均数的定义即可得到辞职的那名员工信息。本试题源于北京师范大学2013年版初中数学八年级上册第六章第二节"中位数与众数"的例题和习题，取材源于教材，也贴近实际和生活。

例 4（2020·云南省卷，第 20 题）。如图 5，AB 为 $\odot O$ 的直径，C 为 $\odot O$ 上一点，$AD \perp CE$，垂足为 D，AC 平分 $\angle DAB$。

（1）求证：CE 是 $\odot O$ 的切线；

（2）若 $AD = 4$，$\cos \angle CAB = \dfrac{4}{5}$，求 AB 的长。

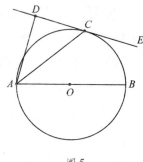

图 5

【设题特色分析】本试题考查与圆有关的位置关系、等腰三角形、角的概念及其计算，以及锐角三角函数。此试题源于人教 2013 年版初中数学九年级上册中第二十四章"圆"中"点与圆、线与圆的位置关系"第二节习题，沿用图像，对题设和结论加以改编。

教学要求是确定考试要求的重要依据，而教材是最好的、最有依据的复习资料。在学业水平考试命题时，更多的是选用或改编教材中的例题或习题，不采用任何一家的教辅资料，这是公平的体现。因此，阅读教材、研读教材并深挖教材才是关键！

云南省所用教材有人教版和北师大版。其中楚雄、西双版纳、文山部分地区采用北师大版教材。

7. 强化学科育人，落实立德树人目标

数学源于生活又服务于生活，本次试题融数学解决与现实情境为一体，努力为学生提供公平客观的现实背景，让学生经历数学建模的过程，从而考查学生的数学应用意识和能力，如第 7 题、第 10 题、第 17 题、第 18 题、第 19 题、第 21 题都是取材于学生生活实际的应用题。

例 5（2020·云南省卷，第 7 题）千百年来的绝对贫困即将消除，云南省 95% 的贫困人口脱贫，95% 的贫困村出列，90% 的贫困县摘帽，1500000 人通过易地扶贫搬迁实现"挪穷窝""斩穷根"（摘自 2020 年 5 月 11 日《云南日

报》）。1500000 这个数用科学记数法表示为（　　　）

    A. 15×10^6　　　　B. 1.5×10^5　　　　C. 1.5×10^6　　　　D. 1.5×10^7

【设题特色分析】本试题考查科学记数法表示绝对值大于 1 的数。取材于 2020 年 5 月 11 日《云南日报》中 2020 年云南省"两会"中对云南省脱贫攻坚、脱贫摘帽工作的汇报，具有时代性和地域性。

例 6（2020·云南省卷，第 10 题）下列说法正确的是（　　　）

A. 为了解三名学生的视力情况，采用抽样调查

B. 任意画一个三角形，其内角和是 360° 是必然事件

C. 甲、乙两名射击运动员 10 次射击成绩（单位：环）的平均数分别为 $\overline{x}_甲$、$\overline{x}_乙$，方差分别为 $s^2_甲$、$s^2_乙$。若 $\overline{x}_甲 = \overline{x}_乙$，$s^2_甲 = 0.4$，$s^2_乙 = 2$，则甲的成绩比乙的稳定

D. 一个抽奖活动中，中奖概率为 $\dfrac{1}{20}$，表示抽奖 20 次就有 1 次中奖

【设题特色分析】本试题考查统计调查的应用，学生需熟知抽样调查、必然事件、方差及概率的定义。从学生熟悉的生活背景出发，联系学生的生活实际，创设新的问题情境，涉及学生视力情况的调查、射击运动员射击成绩的稳定性、抽奖中奖概率等。

例 7（2020·云南省卷，第 18 题）某地响应"把绿水青山变成金山银山，用绿色杠杆撬动经济转型"发展理念，开展"美化绿色城市"活动，绿化升级改造了总面积为 360 万平方米的区域。实际施工中，由于采用了新技术，实际平均每年绿化升级改造的面积是原计划平均每年绿化升级改造面积的 2 倍，所以比原计划提前 4 年完成了上述绿化升级改造任务。实际平均每年绿化升级改造的面积是多少万平方米？

【设题特色分析】本试题结合习近平总书记关于生态文明建设系列重要讲话精神的"把绿水青山变成金山银山，用绿色杠杆撬动经济转型"发展理念，开展"美化绿色城市"活动，某地进行绿化升级改造的实际问题，倡导学生关注社会、关注生活。

例 8（2020·云南省卷，第 19 题）甲、乙两个家庭来到以"生态资源，绿色旅游"为产业的美丽云南，各自随机选择到大理、丽江、西双版纳三个城市中的一个城市旅游。假设这两个家庭选择到哪个城市旅游不受任何因素影响，上述三个城市中的每一个被选到的可能性相同，甲、乙两个家庭选择到上述三

个城市中的同一个城市旅游的概率为 P。

（1）直接写出甲家庭选择到大理旅游的概率；

（2）用列表法或树状图法（树状图也称树形图）中的一种方法，求 P 的值。

【设题特色分析】本试题涉及云南旅游产业的推广，设计了两个家庭到云南旅游的选择情况，使本省学生更具主人翁意识，也增强了学生的公民意识。试题契合学生的认知水平和生活经验，使学生能在熟知的问题情境中建立数学模型，确保了学生对试题背景的认知程度。

例9（2020·云南省卷，第21题）众志成城抗疫情，全国人民在行动。某公司决定安排大、小货车共20辆，运送260吨物资到 A 地和 B 地，支援当地抗击疫情。每辆大货车装15吨物资，每辆小货车装10吨物资，这20辆货车恰好装完这批物资。已知这两种货车的运费如下表所示。

目的地 车型	A 地（元/辆）	B 地（元/辆）
大货车	900	1000
小货车	500	700

现安排上述装好物资的20辆货车（每辆大货车装15吨物资，每辆小货车装10吨物资）中的10辆前往 A 地，其余前往 B 地，设前往 A 地的大货车有 x 辆，这20辆货车的总运费为 y 元。

（1）这20辆货车中，大货车、小货车各有多少辆？

（2）求 y 与 x 的函数解析式，并直接写出 x 的取值范围。

（3）若运往 A 地的物资不少于140吨，求总运费 y 的最小值。

【设题特色分析】此试题涉及解决具体疫情运输问题的调配方案，具有时代感，不仅考查了学生掌握数学知识的情况，也在激发学生的情感认知和社会责任感，对学生的思想道德、情感态度与价值观都有较好的引导和促进作用。

本次试卷图文并茂，增加了试题的真实性和趣味性，有效地提高了学生的阅读效率，有利于学生对数学知识的全面理解。试题内容紧紧贴近学生生活实际，在一定程度上能促使学生平时多关注生活、多关注社会，与学生的认知水平相适应，符合学生的心理特点和认知规律。

四、需要进一步探索的问题

1. 数与代数知识考查过多，图形与几何知识考查过少

建议整卷数与代数占 44% 左右，图形与几何占 40% 左右，统计与概率占 16% 左右为宜。

2. 试卷数学文化性不突出

试卷的第 1 题运用了正负数的数学文化背景，但数学文化性不突出。题目是"中国是最早采用正负数表示相反意义的量的国家。某仓库运进面粉 7 吨，记为 +7 吨，那么运出面粉 8 吨应记为_____吨"。

近年来，全国各地的学业水平考试试题中，以数学文化为背景的题目层出不穷，引导师生感悟数学的科学价值、应用价值、文化价值和审美价值，特别是 2020 年各地的中考试题中有关数学文化的试题更加丰富多彩。

如下试题以负数为数学文化背景，其数学文化性浓郁，富有教育价值。

（2020·湖北咸宁卷）早在两千多年前，中国人就已经开始使用负数，并运用到生产和生活中，比西方早一千多年，下列各式计算结果为负数的是（　　）

A. 3 + （ -2 ）　　　　　　　　B. 3 - （ -2 ）

C. 3 × （ -2 ）　　　　　　　　D. （ -3 ） ÷ （ -2 ）

下面是这类试题的数学文化背景材料。

中国是世界上最早认识和应用负数的国家，比西方早一千多年。负数最早记载于中国的《九章算术》（成书于公元 1 世纪）中，负数在国外直到 17 世纪荷兰人日拉尔（1629 年）才首先认识和使用负数解决几何问题。

据史料记载，早在两千多年前，我国就有了正负数的概念，掌握了正负数的运算法则。人们计算的时候用一些小竹棍摆出各种数字来进行计算，这些小竹棍叫作"算筹"，算筹也可以用骨头和象牙来制作。三国时期的学者刘徽在建立负数的概念上有重大贡献。刘徽首先给出了正负数的定义，他说："今两算得失相反，要令正负以名之。"意思是说，在计算过程中遇到具有相反意义的量，要用正数和负数来区分它们。刘徽第一次给出了区分正负数的方法。他说："正算赤，负算黑；否则以邪正为异。"意思是说，用红色的小棍摆出的数表示正数，用黑色的小棍摆出的数表示负数；也可以用斜摆的小棍表示负数，用正摆的小棍表示正数。我国古代著名的数学专著《九章算术》，最早提出了正负

数加减法的法则："正负数曰：同名相除，异名相益，正无入负之，负无入正之；其异名相除，同名相益，正无入正之，负无入负之。"这里的"名"就是"号"，"除"就是"减"，"相益""相除"就是两数的绝对值"相加""相减"，"无"就是"零"。用现在的话说就是："正负数的加减法则是：同号两数相减，等于其绝对值相减，异号两数相减，等于其绝对值相加。零减正数得负数，零减负数得正数。异号两数相加，等于其绝对值相减，同号两数相加，等于其绝对值相加。零加正数等于正数，零加负数等于负数。"负数的引入是我国数学家杰出的贡献之一。

综上所述，建议将第 1 题改为：

我国是世界上最早提出负数概念和最早使用正负数运算的国家。据史书记载，我国在西汉（公元 1 世纪左右）已经有了负数的概念，并运用到生产和生活中，比西方早一千多年。某仓库运进面粉 7 吨，记为 +7 吨，那么运出面粉 8 吨应记为＿＿＿＿＿吨。

2020 年昆明市初中数学学业水平
考试试题分析与评价

一、试卷的总体情况

2020 年昆明市初中数学学业水平考试试题功能性明确，坚持能力立意的命题原则，注重对学生数学核心素养的考查，渗透数学文化，强调通性通法，重视数学知识的灵活应用，体现了数学的科学价值和理性价值。题目设计朴实巧妙，重点关注数学知识的应用，试题涉及了学生生活中许多热点问题，在全面考查课程标准规定的义务教育阶段的数学核心内容、核心知识的基础上，注重对基础知识、基本能力和基本思想方法的考查，关注对数学活动过程和活动经验的考查，加强了探究性问题的设计与应用，重视思想方法的体现以及综合能力的运用。

2020 年的试题与往年的试题比较，变化较大的地方是试题的创新幅度大，如第 6 题考查数字规律，第 9 题考查计算器使用及实数大小估计，第 14 题是推理操作题，第 19 题考查函数图像与实际问题，第 20 题考查尺规作图，第 21 题引入了数学文化的试题与实际问题，第 23 题考查以折叠为背景的几何综合探究问题，主要利用矩形的性质、相似三角形的性质、勾股定理的性质，综合考查学生的数学素养。整套试题体现"把握基础、稳中求变、变中有新、关注应用、突出能力"的命题特点，2020 年的昆明市初中数学学业水平考试有利于为初级中学毕业升入高级中学选拔优秀人才，有利于引导中学数学教学。

二、试卷的内容考查情况

昆明市初中数学学业水平考试试题内容比例

内容	数与代数		图形与几何		统计与概率		全卷
	题号	分值	题号	分值	题号	分值	分值
填空题	1、2、4、6	12	3、5	6			18
选择题	9、10、11、12、13	20	7、14	8	8	4	32
解答题	15、19、22	21	16、20、21、23	35	17、18	14	70
合计		53		49		18	120
分值百分率	44%		41%		15%		100%

　　试题覆盖面广，考查数与代数、图形与几何、统计与概率三个领域的内容分值分别是 53 分、49 分和 18 分，占比为 44%、41% 和 15%，这与整个初中阶段数学知识三个领域的课时比例吻合度极高。如解答题中没有对实数运算、平移旋转轴对称作图题进行独立设题考查；引入了数学文化的试题并与数学知识考查结合紧密（第 5 题）；对二次函数的考查要求也相对较低（第 22 题）；解直角三角形知识注重发现问题、提出问题、分析问题、解决问题的考查（第 22 题）；压轴题以教材中数学活动为素材，用四边形为背景，体现了很强的探究性（第 23 题）。

三、试题评价与分析

1. 考查能力的要求

　　知识技能：能熟练掌握基础知识，能准确、清晰地把握各个知识点之间的联系。注重知识之间的灵活应用（如第 14 题、第 23 题）。

　　数学思考：能运用相关数学知识、对具体问题中的关系、变化规律有积极的思考，并及时给出相关解决方法和策略，对相应问题进行探究，给出合理的解释（如第 20 题、第 23 题）。

问题解决：会运用已有的知识经验，解决新情境中的数学问题（如第 19 题、第 21 题）。

情感态度：对来自生活、科技及社会领域中的简单实际问题，能灵活运用基本的数学模型，熟练使用有关方法解决相关问题。同时在阅读材料中了解我国国情，增强学生爱国意识和民族自豪感（如第 9 题、第 19 题、第 21 题）。

2. 知识覆盖率：87% 左右

（1）数与代数：考点 70 个左右

涉及考点数量：64 个，其中未涉及的考点有 6 个：①运用有理数解决简单问题；②无理数、实数的概念，实数与数轴上的点的一一对应关系；③乘法公式 $(a+b)(a-b) = a^2 - b^2$，$(a \pm b)^2 = a^2 \pm 2ab + b^2$ 的推导；④乘法公式 $(a+b)(a-b) = a^2 - b^2$，$(a \pm b)^2 = a^2 \pm 2ab + b^2$ 的几何背景；⑤一次函数与二元一次方程的关系；⑥二次函数的实际应用。

（2）图形与几何：考点 105 个左右

涉及考点数量：89 个，其中未涉及的考点有 16 个：①两点之间线段最短；②角的单位换算；③过直线外一点有且仅有一条直线平行于已知直线；④平行于同一条直线的两条直线平行；⑤三角形的稳定性；⑥四边形的不稳定性；⑦等圆、等弧；⑧圆锥的侧面积和全面积；⑨反证法；⑩认识并欣赏自然界和现实生活中的中心对称图形；⑪平移的基本性质：一个图形和它经过平移所得的图形中，两组对应点的连线平行（或在同一条直线上）且相等；⑫认识并欣赏平移在自然界和现实生活中的应用；⑬黄金分割；⑭直棱柱、圆锥的侧面展开图；⑮基本几何体与其三视图、展开图在现实生活中的应用；⑯建立适当的平面直角坐标系描述物体的位置。

（3）统计与概率：考点 20 个左右

涉及考点数量：16 个，其中未涉及的考点有 4 个：①扇形统计图；②平均数的意义；③通过表格、折线图、趋势图等，感受随机现象的变化趋势；④知道通过大量的重复试验，可以用频率来估计概率。

（4）综合与实践：考点 5 个左右（图 1、图 2）

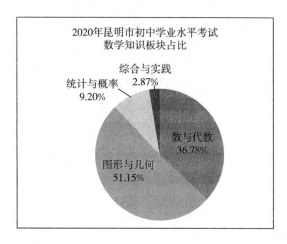

图 1

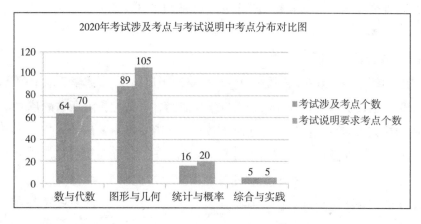

图 2

3. 核心知识点覆盖率：92.7% 左右

在《云南省初中学业水平标准与考试说明》中，知识技能要求有四个，分别是了解、理解、掌握、运用；过程性要求有三个，分别是经历、体验、探索。其中知识技能要求理解、掌握的知识点总计 110 个考点，考查到的为 102 个，占比 92.7% 左右，其中未涉及的考点有以下几个：①二次函数的实际应用；②过直线外一点有且仅有一条直线平行于已知直线；③直角三角形的判定；④圆锥的侧面积和全面积；⑤利用基本作图作三角形；⑥扇形统计图；⑦建立适当的平面直角坐标系描述物体的位置；⑧两点之间线段最短（图 3）。

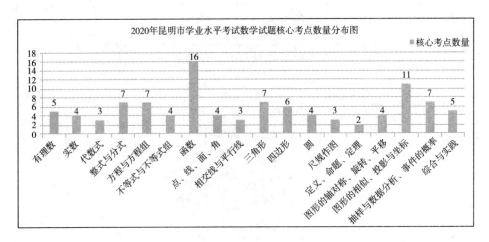

图 3

4. 难易程度、区分度、梯度的设计

试题难度按照《云南省初中学业水平标准与考试说明》要求进行设置。

5. 亮点解读

（1）源于教材，回归生活

试卷中的第 23 题由人教版初中数学八年级下册第 84 页数学活动中的活动 1 改编而来，通过折纸的过程经历，引发学生思考，并研究折痕所在的位置不同，寻求新的探究方向，从而得到一些源于教材，却升华教材的活动体验。

试卷中的第 5 题由人教版初中数学九年级上册第 108 页综合运用第 5 题改编而来，通过对一个正六边形螺帽的拧动后扳手尾部所走过的路径长，充分考查了学生圆与正多边形的知识（基础知识），旋转的作图（基本技能），旋转路径对学生空间想象的培养（基本思想），以及生活中扳手的正确使用方法（基本活动经验）。

（2）重动手，善用数学工具

《标准（2011 年版）》中明确指出要充分考虑信息技术对数学学习内容和方式的影响，注重实效。

通过第 9 题考查学生用计算器计算特殊三角函数值，引导学生对科学计算器的正确使用。

第 20 题，题目看似简单，但认真做下来却发现涵盖知识点丰富，在考查学生动手能力、尺规作图、几何演绎推理、一题多解、运算能力等方面都有较好的体现。

（3）阅读新闻热点，构建数学模型，增强民族自豪感

在试卷的第 21 题中，讲述了中国登山队用中国科技定义世界新高度——时隔 60 年再次测量珠穆朗玛峰高度的新闻，通过对测量方法的介绍，给出实际生活中的例子，并从中抽取数学模型，利用阅读得到的信息，进行加工处理，从而得到正确的解答。在这个过程中，不但有助于培养学生初步形成模型思想，还进一步激发学生的兴趣和民族自豪感，提高学生的应用意识。

（4）网格作图似有限，探究创新真无限

在试卷的第 14 题中，要求学生在一个有限的 6×6 网格中作相似三角形，其中三角形较为特殊的为等腰三角形，首先，看似有限地考查了学生的画图能力，可细看发现，较容易的图形只可画出 4 个，实则 6 个，从而让此题看似简单却不简单。但教师在过后应该反思，剩下的 2 个图形在哪里？应该怎么画？原理是什么？假如把网格扩大，还会有几个？是否可以把等腰三角形换成等边三角形、直角三角形……我们应该如何引导学生去做此类题？这些都是教师值得反思而且需要深入探究的。

四、教学建议和教学策略探索

云南省初中学业水平考试命题要求试题设置易、中、难题目分值比例为 7：2：1，也就是说，初中学业水平考试数学学科有分值为 70% 的题目是基础题型，20% 的题目是中等题型，10% 的题目是较难题型。在数学课堂教学中，要面向全体学生，踏实做好基础知识的教学工作，切实抓好基本概念和基本性质、基本技能、基本思想方法的教学。特别提出如下建议和教学策略。

（一）重视基础知识、基本技能的教学

"知识技能"既是学生发展的基础性目标，又是落实"数学思考""问题解决""情感态度"目标的载体，全面掌握数学知识点，学透每一个章节每一个知识点，特别是在 2021 年起取消学业水平考试说明后，中考数学更全面考核学生对数学基础知识和基本技能的理解与掌握程度，建议教师教学要注重概念教学，注意数学与生活的联系，运用数学分析解决生活中的问题，特别是多关注生活中的数学问题，应注重学生对所学知识的理解，体会数学知识之间的关联，重视夯实学生的基础知识和基本技能，在基本技能的教学中，不仅要使学生掌握技能操作的程序和步骤，还要使学生理解程序和步骤的道理。同时也建议学

生要做好笔记累积，定时回头复习，不留知识缺陷。

（二）落实课程标准的能力要求，强化数学问题过程方法的教学

从 2020 年昆明市初中数学学业水平考试试题来看，有些题目特别注重对学生探究能力的考查，试卷中对学生"作图、读图、用图"的能力有更高的要求。教师在重视学生对基础知识和基本技能与常用的数学思想方法培养的同时，要更加关注对学生一般能力和数学能力的培养。从命题的趋势看，试题不仅考查观察、分析、归纳、类比以及算法算理、推理证明等能力，还强化考查学生创新意识和创新能力。因此，教师要重视对数学知识形成过程的教学，尤其要注重对学生探索性思维能力和创新意识的培养，提高知识迁移能力、综合运用能力，积累数学活动经验。在中考数学命题中，区分度大的题目往往综合性较强，需要学生充分掌握各类基础知识的前提下，灵活运用多个知识点和多种方法解决数学题。教学中要引导学生自主学习，注重结合具体的学习内容，设计有效的数学探究活动，使学生经历数学的发生发展过程，体验各种数学活动过程的结果，注重学生动手能力，所以教师在教学过程中要强化数学问题过程方法的教学。

（三）尊重学生的学习风格，让数学核心素养落地

教学中，教师努力给学生创造多元、开放，适合探索、思考和表现自己的机会与空间，所设计的问题关注学生各自的数学认知心理特征，关注学生已有的数学经验，尊重各种不同的解答问题的方法，尊重学生自己的意见和表达方式，鼓励学生的创新欲望。有了这个基础，以学科核心素养为统领、核心内容为载体、思想方法为主线、能力培养为目的，体现真实学科过程的教学，将核心素养落实在学科教学中是关键，也是一项长期而艰巨的任务。发现问题、提出问题、分析问题和解决问题是培养核心素养的关键，教学需要"提出好问题"和"提好每个问题"，通过问题引导教学落实学生的核心素养，以教学设计为切入点，设计能体现学科核心素养的教学是重点，以单元（板块）为整体，从学科核心内容出发，用能突出学科核心素养的几个大问题（或活动、材料等）贯穿整个单元（板块）的教学，形成总体呈上坡态势的"大问题串"；针对每个大问题，用若干个小问题逐步进行启发，形成总体呈下坡态势的"小问题串"，以保持思考力水平不下降，让学生经历学习数学的过程，找到学习数学的方法，悟到数学的思想、内化成一种数学的智慧。

（四）教学策略探索

下面以两个考题为例。

题目 1 计算：$1^{2021} - \sqrt[3]{8} + (\pi - 3.14)^0 - \left(-\dfrac{1}{5}\right)^{-1}$。

这是第 15 题，是较为简单的题目，综合了 1 的奇数次幂、立方根、零指数、负整数指数以及有理数的运算方面的知识，教材尽管没有这样综合的原型题目（将该题目分解为几个小部分后，在教材中就可以找到原型），但在以前的学业水平考试试卷和考试说明的题目中到处可见。在初三复习时，可以分成求绝对值、乘方运算、求算术平方根、负整数指数幂的运算等部分专题给学生训练，尤其要让中、差生做到过关，加强关注中、差生，在学生做题时做到面批面改，及时辅导；同时充分借助小组互助的形式，让一些学习好的学生辅导学习较差的学生，让学生建立错题本，及时纠正错误，教师要对学生犯的典型性错误重点讲解，讲解后对学生的学习效果要及时检测，这需要教师能够针对性出题，以达到学生掌握计算的准确、快速的效果，增强学生的成功体验。这也更需要教师以学定教，以学生为主体，以教师为主导，以训练为主线的高效课堂。

题目 2 如图 4，AC 是 $\angle BAE$ 的平分线，点 D 是线段 AC 上的一点，$\angle C = \angle E$，$AB = AD$。

求证：$BC = DE$。

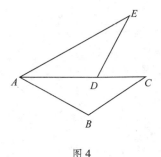

图 4

这是第 16 题，如复习三角形全等的性质和判定时，可以用"一题一课"的方式进行教学设计，利用一个背景将这部分知识贯穿其中，设计一题多解、多解一题、开放问题、变式问题等，有意识地引导学生从"变"的现象中发现"不变"的本质，从"不变"的材质中探求"变的规律"，深刻地讲透一道题，可以学会从多角度思考问题，灵活地找到问题的突破口，由一题横纵联系各章节的知识与方法，完善学生的知识方法体系，期望达到知一题会一类的效果，使知识生成合理自然，达到找准核心、回归本质、形成逻辑链的目标。如本题的背景可用"AAS"或"ASA"证明，可以通过变换条件将本题设计为"SAS""SSS"以及"HL"进行证明的试题，还可以利用平移、旋转等变换，将试题求解结论跟图形的位置、数量建立联系，从而综合复习三角形相关的知识，形成知识间的纵横联系。

五、需要进一步探索的问题

（1）同类题型设计不尽合理，如选择题中的第 8 题、第 10 题、第 13 题，每道题的四个选项均代表了不同的知识点，属于多结论问题，增长了思考时间，造成思考的时间过多。

（2）个别选择题选项设置不合理，第 14 题是操作探索题，能找出 6 种情况实属不易，但选项上有 7 种情况，让找对结果的优秀学生不放心所做的结果，继续思考，不敢轻易作答。本题选项设置不利于优秀学生的选拔，从考试结果来看效度太差。

（3）整卷试卷运算量较大，如第 12 题、第 14 题、第 21 题、第 22 题、第 23 题，考生反映计算量大、一部分考生没完成答卷也说明存在这个问题。

定目标　悟原理　寻路径

——全国 2020 年初中学业水平考试数学"尺规作图"
考法和命题特色分析

一、尺规作图及试题考查情况分析

1. 尺规作图

尺规作图，起源于古希腊的数学问题，指用没有刻度的直尺和圆规作图。只使用圆规和直尺，并且只允许使用有限次，来解决不同的平面几何作图题。观察尺规作图所得的几何图形，我们可以将一些结论由特殊引向一般，并归纳出几何的一般性结论。在初中数学学业水平考试的试题中，尺规作图被分为两类：一类是基本作图，另一类是利用两种或两种以上的基本作图进行尺规作图。

2. 课程标准的要求

《标准（2011 年版）》对尺规作图做出了以下要求。

（1）能用尺规完成以下基本作图：作一条线段等于已知线段；作一个角等于已知角；作一个角的平分线；作一条线段的垂直平分线；过一点作已知直线的垂线。

（2）会利用基本作图作三角形：已知三边、两边及其夹角、两角及其夹边作三角形；已知底边及底边上的高线作等腰三角形；已知一直角边和斜边作直角三角形。

（3）会利用基本作图完成：过不在同一条直线上的三点作圆；作三角形的外接圆、内切圆；作圆的内接正方形和正六边形。

（4）在尺规作图中，了解作图的原理，保留作图的痕迹，不要求写出作法。

3. 试题考查方式分析

综观 2020 年初中数学学业水平考试，在"尺规作图"这一部分内容的考查中，着重体现了尺规作图和几何推理考查的双向性。从考查方式来看，主要考查以下几类。

作法应用类试题：这类试题在给出基本几何尺规作图的作法下，领悟作图原理，结合相应性质进行几何推演、证明和计算。该类题型注重对学生的几何推演能力的考查，也体现了对数学抽象、逻辑推理、直观想象和数学运算等核心素养的考查。

作法原理类试题：这类试题是在给定作法和保留作图痕迹的前提下，填写相应的作图依据。该类型试题对学生是否深刻掌握其背后的作图原理要求较高，充分发挥考试导向功能，引导教师在平时教学中重视尺规作图的原理。

作法操作类试题：这类试题是在有限的条件下，领悟作图原理，经过合理的推理获得正确的作图方法，并按要求完成作图，且保留作图痕迹。该类题注重在学生正确掌握作图原理的前提条件下，考查基本方法和基本活动经验的落实。

4. 试题考查情况统计分析

通过对 2020 年全国直辖市、省、省会城市命制的 35 套试卷统计分析发现，有 20 套试卷考查了尺规作图，考查数量约占总数的 57%，如表所示。从考查的题型上看，尺规作图试题更多的是以客观题的形式出现，选择题 7 道（占比 35%），填空题 5 道（占比 25%），解答题 8 道（占比 40%），分值主要集中在 3 ~ 12 分（图 1）。从五大基本作图的考查范围来看，考查作一个角的平分线的有 9 道；作一条线段的垂直平分线的有 6 道，这两个内容考查频率较高，过一点作已知直线的垂线有 3 道，作一条线段等于已知线段的有 3 道，作一个角等于已知角的有 2 道（图 2）。部分地区还注重在选择题中考查多个基本尺规作图的知识点，解答题中则注重学生的动手作图能力和作图依据的考查。此外，宁夏、广州和福建三份试卷中均有 2 道题中出现考查尺规作图的情况。

2020 年全国直辖市、省、省会城市初中数学学业水平考试尺规作图考查统计表

试卷名称	省卷、直辖市卷	省会城市卷	试卷总分	所占分值	分值占比	题号	考查题型	基本作图				
								作一条线段等于已知线段	作一个角等于已知角	作一个角的平分线	作一条线段的垂直平分线	过一点作已知直线的垂线
北京市卷	√		100	5	5.00%	第20题	解答题			√		
河北省卷	√		120	3	2.50%	第6题	选择题			√		
新疆维吾尔族自治区卷	√		150	5	3.33%	第13题	填空题			√		
西藏自治区卷	√		100	3	3.00%	第16题	填空题			√		
海南省卷	√		120	4	3.33%	第15题	填空题				√	
广东省卷	√		120	4	3.33%	第15题	填空题				√	
宁夏回族自治区卷	√		120	3	2.50%	第14题	填空题			√	√	
青海省卷	√		120	8	6.67%	第23题	解答题			√		
福建省卷	√		150	10	6.67%	第23题	解答题	√	√			
陕西省卷	√		120	5	4.17%	第17题	解答题			√		
山西省卷	√		120	8	6.67%	第20题	解答题					√
广西南宁市卷		√	120	3	2.50%	第7题	选择题			√		
四川省成都市卷		√	150	3	2.00%	第7题	选择题				√	
贵州省贵阳市卷		√	150	3	2.00%	第9题	选择题			√		
山东省济南市卷		√	150	4	2.67%	第10题	选择题			√		
甘肃省兰州市卷		√	150	4	2.67%	第12题	选择题					√
吉林省长春市卷		√	120	3	2.50%	第7题	选择题					
广东省广州市卷		√	150	12	8.00%	第23题	解答题	√				√
云南省昆明市卷		√	120	8	6.67%	第20题	解答题	√				
湖南省长沙市卷		√	120	6	5.00%	第19题	解答题			√		

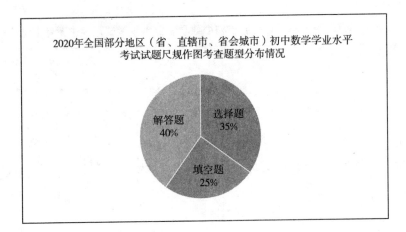

图 1

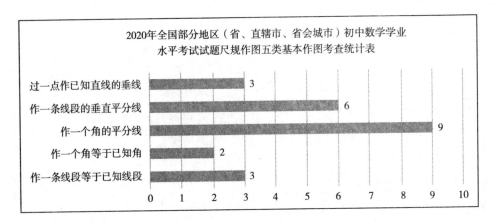

图 2

二、考查目标和命题特色分析

（一）五种基本作图

1. 作一条线段等于已知线段

例 1（2020·邵阳卷）如图 3，线段 $AB = 10\text{cm}$，用尺规作图法按如下步骤作图。

（1）过点 B 作 AB 的垂线，并在垂线上取 $BC = \dfrac{1}{2}AB$；

（2）连接 AC，以点 C 为圆心，CB 为半径画弧，交 AC 于点 E；

（3）以点 A 为圆心，AE 为半径画弧，交 AB 于点 D。即点 D 为线段 AB 的

黄金分割点，则线段 AD 的长度约为_____cm。（结果保留两位小数，参考

数据：$\sqrt{2}\approx 1.414$，$\sqrt{3}\approx 1.732$，$\sqrt{5}\approx 2.236$）

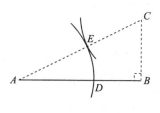

图 3

【考查目标】本题考查基本作图中的作一条线段等于已知线段。试题涉及勾股定理、方程、近似数等知识，考查了学生应用知识解决问题的能力。

【命题特色分析】本题属于尺规作图"作法应用类"试题，是以黄金分割点为背景，以直角三角形为载体，虽然出现了过直线上一点作该直线的垂线和作一条线段等于已知线段两种基本作图，但从已给的作图痕迹来看，重点考查作图后的计算。此题关注知识的联系和交汇，较好地促进了学生对尺规作图内容的掌握和运用，提高了学生对知识的应用和转化能力。此题根据作图得 $\triangle ABC$ 为直角三角形，$CE = BC = \dfrac{1}{2}AB = 5\text{cm}$，$AE = AD$，根据勾股定理求出 $AC = 5\sqrt{5}\text{cm}$，再求出 $AE = (5\sqrt{5} - 5)\text{cm}$，从而求出 $AD \approx 6.18\text{cm}$。

2. 作一个角等于已知角

例2（2020·福建卷）如图4所示，C 为线段 AB 外一点。

（1）求作四边形 $ABCD$，使得 $CD \parallel AB$，且 $CD = 2AB$；（要求：尺规作图，不写作法，保留作图痕迹）

（2）在（1）的四边形 $ABCD$ 中，AC，BD 相交于点 P，AB，CD 的中点分别为 M，N，求证：M，P，N 三点在同一条直线上。

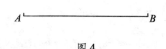

图 4

【考查目标】本题考查了基本作图中的作一个角等于已知角和作一条线段等于已知线段，涉及平行线和相似三角形的判定与性质等知识，考查推理能力、空间观念、几何直观和化归与转化思想。

【命题特色分析】本题属于尺规作图"作法应用类"试题，用尺规作平行线的原理是同位角相等，两直线平行，此题以作四边形 $ABCD$ 为背景，要求学生熟练掌握作一个角等于已知角和作一条线段等于已知线段的方法。解决本题的关键是添加适当的辅助线构造相似三角形，结合相似三角形的判定与性质进行推理和计算，问题的解决应用了转化的数学思想方法，培养了学生几何直观的数学核心素养，提高了学生逻辑推理的能力。第（1）问按要求进行尺规作图即可，如图 5 所示，四边形 $ABCD$ 即为所求。

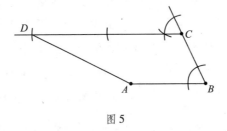

图 5

第（2）问，如图 6 所示，先利用已知条件证明 $\triangle ABP \backsim \triangle CDP$，得到 $\dfrac{AB}{CD} = \dfrac{AP}{CP}$，再根据中点的性质，转化得到 $\dfrac{AM}{CN} = \dfrac{AP}{CP}$，连接 MP，NP，可证明角度之间的大小关系，再得到 $\angle CPN + \angle CPM = 180°$，即可证明 $\triangle APM \backsim \triangle CPN$，所以有 $\angle APM = \angle CPN$，由点 P 在 AC 上，又得到 $\angle APM + \angle CPM = 180°$，进一步得到 $\angle CPN + \angle CPM = 180°$，从而证明 M，P，N 三点在同一条直线上。

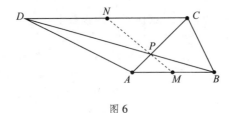

图 6

3. 作一条线段的垂直平分线

例 3（2020·广东卷）如图 7 所示，在菱形 $ABCD$ 中，$\angle A = 30°$，取大于 $\dfrac{1}{2}$

AB 的长为半径，分别以点 A，B 为圆心作弧相交于两点，过此两点的直线交 AD 边于点 E（作图痕迹如图7所示），连接 BE，BD，则 $\angle EBD$ 的度数为_____。

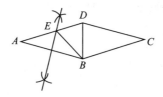

图7

【考查目标】本题考查基本作图中的作一条线段的垂直平分线，属于单一模型考查，本题涉及菱形、垂直平分线、等腰三角形的性质和三角形的内角和定理，考查学生的推理能力、几何直观、读取信息及利用信息解决问题的能力。

【命题特色分析】本题属于尺规作图"作法应用类"试题，设置别出心裁，将基本作图问题和菱形有机结合，具有一定的创意。熟练掌握线段垂直平分线的作法、菱形的性质、三角形内角和定理是解决本题的关键。根据垂直平分线的性质得出 $EA = EB$，由四边形 $ABCD$ 是菱形得出 $AB = AD$，$\angle A = 30°$，所以 $\angle ABE = 30°$，$\angle ABD = 75°$，根据 $\angle EBD = \angle ABD - \angle ABE$，求出 $\angle EBD = 45°$。

4. 作一个角的平分线

例4（2020·河北卷）如图8所示，已知 $\angle ABC$，用尺规作它的角平分线。如图9所示，步骤如下。

第一步：以 B 为圆心，以 a 为半径画弧，分别交射线 BA，BC 于点 D，E；

第二步：分别以 D，E 为圆心，以 b 为半径画弧，两弧在 $\angle ABC$ 内部交于点 P；

第三步：画射线 BP。射线 BP 即为所求。

下列说法正确的是（　　）

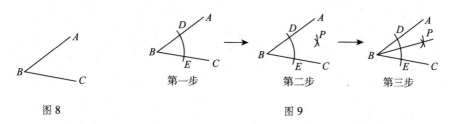

图8   图9

A. a，b 均无限制　　　　　　B. $a > 0$，$b > \dfrac{1}{2}DE$ 的长

C. a 有最小限制，b 无限制　　D. $a \geqslant 0$，$b < \dfrac{1}{2}DE$ 的长

【考查目标】本题考查基本作图中的作角的平分线。本题源于教材，考查学生对基本作图操作过程中限制条件的理解。试题设计彰显出尺规作图不仅是一种操作，更是对数学思维和数学探究的一种过程，既要知道方法也要领悟原理。

【命题特色分析】本题属于尺规作图"作法应用类"试题，本题的题干中呈现出了作角的平分线具体步骤，让学生去判断作角的平分线的条件，领悟其作图原理。解决问题的关键是掌握作角平分线的方法，作角的平分线的依据是三角形全等，根据角平分线的画法判断即可。以 B 为圆心画弧时，半径 a 必须大于 0，分别以 D，E 为圆心，以 b 为半径画弧时，b 必须大于 $\dfrac{1}{2}DE$，否则没有交点。故选 B。

例5（2020·长沙卷）人教版初中数学八年级上册第48页告诉我们一种作已知角的平分线的方法。

已知：$\angle AOB$。

求作：$\angle AOB$ 的平分线。

作法：（1）以 O 为圆心，适当长为半径画弧，交 OA 于点 M，交 OB 于点 N；

（2）分别以点 M，N 为圆心，大于 $\dfrac{1}{2}MN$ 的长为半径画弧，两弧在 $\angle AOB$ 的内部相交于点 C；

（3）画射线 OC，射线 OC 即为所求。

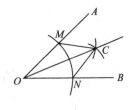

图 10

请你根据提供的材料完成下面问题：

（1）这种作已知角平分线的方法的依据是_____（填序号）。

① SSS   ② SAS   ③ AAS   ④ ASA

（2）请你证明 OC 为 $\angle AOB$ 的平分线。

【考查目标】 本题考查了尺规作图中的作一个角的平分线及全等三角形的判定定理的应用。本题源于教材，通过考查学生对基本作图依据的探究，培养学生逻辑推理的能力。

【命题特色分析】 本题属于尺规作图"作法原理类"试题，需要学生探索作图依据，完成逻辑推理。背景取材于教材，与例4不同的是考查作图的原理，解决问题的关键是掌握基本作图方法、全等三角形的判定和性质。第（1）问根据作图的过程知道：$OM = ON$，$OC = OC$，$CM = CN$，由 SSS 可以证得 $\triangle MOC \cong \triangle NOC$；第（2）问根据作图的过程知道：$OM = ON$，$OC = OC$，$CM = CN$，由全等三角形的判定定理 SSS 可以证得 $\triangle MOC \cong \triangle NOC$，从而得到 OC 为 $\angle AOB$ 的平分线。

5. 过一点作已知直线的垂线

（1）过直线上一点作已知直线的垂线

例 6（2020·赤峰卷）小琪同学和爸爸妈妈一起回老家给奶奶过生日，他们为奶奶准备了一个如图所示的正方形蛋糕，蛋糕的每条边上均匀镶嵌着 4 颗巧克力。爸爸要求小琪只切两刀把蛋糕平均分成 4 份，使每个人分得的蛋糕和巧克力数都相等。

① 请你在图 11 中画出一种分法（无须尺规作图）；

② 如图 12 所示，小琪同学过正方形的中心切了一刀，请你用尺规作图帮她作出第 2 刀所在的直线。（不写作法，保留作图痕迹）

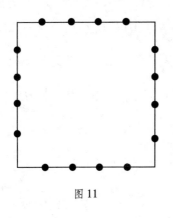
图 11

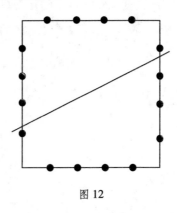
图 12

【考查目标】本题考查作图的应用与设计，涉及正方形的性质和中心对称图形的性质的综合应用。考查几何直观、推理能力和知识迁移能力。

【命题特色分析】本题属于尺规作图"作法操作类"试题。本题以切蛋糕的实例为背景命题，贴近学生实际，引发学生积极思考，体现了数学既来源于生活，又服务于生活的特点。解决第（1）问用到了正方形的对角线互相垂直平分的性质，如图 13 所示，直线 a、直线 b 即为所求。解决第（2）问用到了垂直平分线的性质，属于用不同的知识解决相同的问题，凸显了知识点之间的联系，解题的关键是利用尺规作图正确过直线上一点作已知直线的垂线，借助中心对称图形的性质解决问题。连接 AC 交直线 EF 于点 O，过点 O 作直线 $c \perp EF$，直线 c 为已知线段的垂直平分线即为所求，借助垂直平分线的性质解决问题。

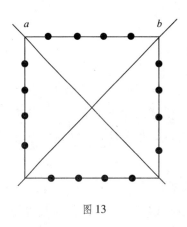

图 13

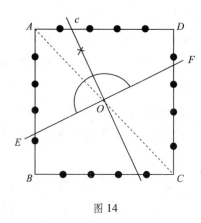

图 14

（2）过直线外一点作已知直线的垂线

例 7（2020·鄂尔多斯卷）在四边形 $ABCD$ 中，$AD /\!/ BC$，$\angle D = 90°$，$AD = 8$，$BC = 6$，分别以 A，C 为圆心，大于 $\frac{1}{2} AC$ 的长为半径作弧，两弧交于点 E，作射线 BE 交 AD 于点 F，交 AC 于点 O，若点 O 是 AC 的中点，则 CD 的长为（　　　）

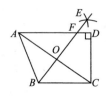

图 15

A. $4\sqrt{2}$ B. $2\sqrt{10}$ C. 6   D. 8

【考查目标】本题考查了基本作图中的过直线外一点作已知直线的垂线，涉及勾股定理、线段垂直平分线和全等三角形的判定与性质的综合运用。考查推理能力和计算能力。

【命题特色分析】本题属于尺规作图"作法应用类"试题。线段垂直平分线上任意一点，到线段两端点的距离相等，确定 EO 垂直平分 AC 是解决问题的关键。连接 FC，根据基本作图，可得 $OE \perp AC$，因为点 O 是 AC 的中点，所以 OE 垂直平分 AC，由垂直平分线的性质得出 $AF = FC$。再根据 ASA 证明 $\triangle FOA \cong \triangle BOC$，那么 $AF = BC = 6$，等量代换得到 $FC = AF = 6$，利用线段的和差关系求出 $FD = AD - AF = 2$。然后在 Rt$\triangle FDC$ 中利用勾股定理求出 $CD = 4\sqrt{2}$。故选 A。

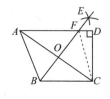

图 16

（二）两种基本作图模型综合考查

1. 作一条线段等于已知线段和作一个角的平分线

例 8（2020 · 泰州卷） 如图 17 所示，已知线段 a，点 A 在平面直角坐标系 xOy 内。

（1）用直尺和圆规在第一象限内作出点 P，使点 P 到两坐标轴的距离相等，且与点 A 的距离等于 a。（保留作图痕迹，不写作法）

（2）在（1）的条件下，若 $a = 2\sqrt{5}$，点 A 的坐标为（3，1），求点 P 的坐标。

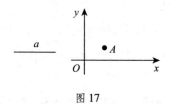

图 17

【考查目标】本题考查了基本作图中的作一条线段等于已知线段和作一个角的平分线，试题涉及坐标与图形的性质、角平分线的性质、勾股定理等知识，考查了数形结合的思想、方程思想、逻辑推理能力和运算能力。

【命题特色分析】 本题属于尺规作图 "作法应用类" 试题。此题以平面直角坐标系为载体，通过尺规作图作第一象限的角平分线，构造直角三角形，利用勾股定理，借助方程思想解决问题。解题的关键是掌握角平分线的作法及两点之间的距离公式，明确如何正确作图。第（1）问，如图 18 所示，先作第一象限的平分线 OM，再以点 A 为圆心、a 为半径画弧，交 OM 于点 P，则点 P 为所求；第（2）问，根据题意，设点 P（t，t），再根据两点之间的距离公式列出方程 $AP = \sqrt{(t-3)^2 + (t-1)^2} = 2\sqrt{5}$，即可解 P（5，5）。

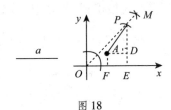

图 18

2. 作一条线段的垂线和作一个角的平分线

例 9（2020·襄阳卷）如图 19 所示，在 Rt△ABC 中，$\angle ABC = 90°$，根据尺规作图的痕迹判断以下结论错误的是（　　）

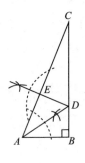

图 19

A. $DB = DE$　　　　B. $AB = AE$　　　　C. $\angle EDC = \angle BAC$　　　　D. $\angle DAC = \angle C$

【考查目标】 本题考查了基本作图中的作一条线段的垂线和作一个角的平分线，其中全等三角形的判定和性质，角平分线的性质是作图的依据。考查了学生的推理能力。

【命题特色分析】 本题属于尺规作图 "作法应用类" 试题。此题以直角三角形为背景，要求学生熟练掌握作图方法和技巧，能根据作图步骤正确辨别所作图形，并熟练应用其性质解决问题。根据题目条件容易证明 △$ADE \cong$ △ADB，可判断 A、B 正确，再根据同角的补角相等，可判断 $\angle EDC = \angle BAC$，故选 D。

3. 作直角三角形的外接圆和作一个角的平分线

例 10（2020·青海卷）如图 20 所示，在 Rt△ABC 中，$\angle C = 90°$。

（1）尺规作图：作 Rt△ABC 的外接圆⊙O；作 $\angle ACB$ 的角平分线交⊙O 于点 D，连接 AD。（不写作法，保留作图痕迹）

（2）若 $AC = 6$，$BC = 8$，求 AD 的长。

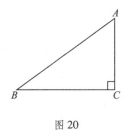

图 20

【考查目标】本题考查了基本作图中的作一条线段的垂直平分线和作一个角的平分线，借助垂直平分线的性质准确找到直角三角形外接圆的圆心是解决问题的关键。此题既考查了学生对基本作图的掌握情况，又考查了学生寻找知识间逻辑关系的能力。

【命题特色分析】本题属于尺规作图"作法应用类"试题。涉及三角形的外接圆、角平分线、垂直平分线的性质及圆周角与圆心角的关系，问题的解决增强了学生的基本作图技能和基本活动经验。第（1）问，如图 21 所示，作 Rt△ABC 斜边 AB 的垂直平分线，借助直角三角形斜边上的中线等于斜边的一半的性质，即可作 Rt△ABC 的外接圆⊙O，再作 $\angle ACB$ 的角平分线交⊙O 于点 D，连接 AD 即可。

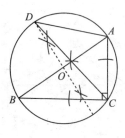

图 21

第（2）问，如图 22 所示，连接 OD，根据 CD 平分 $\angle ACB$，得 $\angle ACD = 45°$，根据圆周角与圆心角的关系得到 $\angle AOD = 90°$，在 Rt△ACB 中计算 $AB =$

10，得到 $AO = 5 = OD$，在 $\mathrm{Rt}\triangle AOD$ 中，计算 $AD = \sqrt{AO^2 + OD^2} = 5\sqrt{2}$。

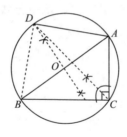

图 22

4. 作一条线段的垂直平分线和作一个角的平分线

例 11（2020·青岛卷）已知：$\triangle ABC$。

求作：$\odot O$，使它经过点 B 和点 C，并且圆心 O 在 $\angle A$ 的平分线上。

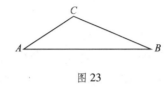

图 23

【考查目标】本题综合考查了基本作图中的作一条线段的垂直平分线和作一个角的平分线，主要考查学生利用基本作图的方法来确定圆心，作图的依据是角平分线和垂直平分线的性质。考查了学生的几何直观和推理能力。

【命题特色分析】本题属于尺规作图"作法操作类"试题。本题是三角形、圆、作角的平分线和线段的垂直平分线的综合题型，正确掌握角平分线和垂直平分线的作法是解题关键。如图 24 所示，作出 $\angle BAC$ 的平分线和线段 BC 的垂直平分线，找到它们的交点，即为圆心 O，再以 OB 为半径画出 $\odot O$，得出答案。

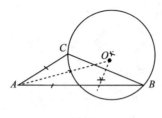

图 24

（三）多种基本作图模型综合考查

例 12（2020·河池卷）观察下列作图痕迹，所作 CD 为 $\triangle ABC$ 的边 AB 上的中线是（　　）

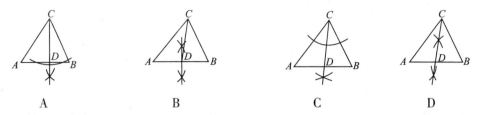

A   B   C   D

【考查目标】本题以作三角形边的中线为背景，考查了学生对基本作图的识别能力和推理能力，涉及了三角形的角平分线、中线、高、线段垂直平分线的性质。此题主要考查学生从图形中获取信息的能力。

【命题特色分析】本题属于尺规作图"作法原理类"试题。A、B、C 三个选项中的图形简明而完整地呈现出垂线、垂直平分线、角平分线和中线的关系，命题思路较为新颖，引导学生去寻找知识点之间的联系，内容的选择体现了全面性和典型性，这样的试题有助于提高学生的观察能力，培养学生几何直观的能力。解决本题的关键是掌握三角形中线的定义，根据题意，CD 为 $\triangle ABC$ 的边 AB 上的中线，就是作 AB 边的垂直平分线，交 AB 于点 D，连接 CD 即可判断。观察作图痕迹可知：A 选项 $CD \perp AB$，但不平分；B 选项点 D 为线段 AB 垂直平分线的交点，所以 CD 为 $\triangle ABC$ 的边 AB 上的中线；C 选项 CD 是 $\angle ACB$ 的角平分线；D 选项不符合基本作图过程。故选 B。

（四）开放性作图题

例 13（2020·陕西卷）如图 25 所示，已知 $\triangle ABC$，$AC > AB$，$\angle C = 45°$。请用尺规作图法，在 AC 边上求作一点 P，使 $\angle PBC = 45°$。（保留作图痕迹，不写作法，答案不唯一）

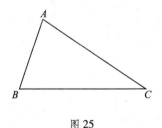

图 25

【考查目标】本题考查了基本作图中的作一个角等于已知角。本题的设置为过程开放的尺规作图题，强调作图的方法和作图原理，形式新颖，彰显创新能力，要求进行多方位、多角度、多层次的探究，要求学生先做判断，再基于判断寻找已知条件和到达结论的路径，要求学生思维灵活、联想广阔、推理深刻、条理清晰、批判选择，对于开阔学生思维、培养学生的创新能力具有重要意义。

【命题特色分析】本题属于尺规作图"作法操作类"试题。尺规作图题需要学生动手操作完成，培养了学生的基本活动经验，激发了学生的学习兴趣和对知识的探究欲望。根据尺规作图法，作一个角等于已知角，在 AC 边上求作一点 P，使 $\angle PBC = \angle C = 45°$。解决尺规作图题的关键在于掌握基本作图的方法、明确基本作图的原理、理解基本作图的依据和寻找基本作图的路径。本题属于解题方法多样的开放性试题，这样的试题能更好地改掉学生生搬硬套的解题模式，消除学生死记解题的习惯，从不同的角度对问题深思熟虑，寻求多样性的解题方法。试题把作一个角等于已知角和三角形巧妙结合，符合学生的年龄特点和认知水平，能更好地体现数学核心素养，落实新课程改革和课程标准的要求。

定目标	悟原理		寻路径
作法	作图思路	作图依据	作图路径
（作法一）作一个角等于已知角	由 $\triangle BEF \cong \triangle CDM$ 得出 $\angle PBC = \angle C = 45°$	全等三角形判定：SSS	
（作法二）过一点作已知直线的垂线	作 $AC \perp BF$ 交 AC 于点 P 得 $\angle BPC = 90°$，由 $\angle C = 45°$ 得出 $\angle PBC = 45°$	三角形内角和定理	
（作法三）作一条线段的垂直平分线	作 BC 的垂直平分线 DE 交 AC 于点 P，连接 BP，由垂直平分线的性质得 $PB = PC$，得出 $\angle PBC = \angle C = 45°$	等腰三角形性质：等边对等角	

续表

定目标	悟原理		寻路径
作法	作图思路	作图依据	作图路径
（作法四） 作三角形的 外接圆	以 BC 为直径作圆交 AC 于点 P，连接 BP，$\angle BPC = 90°$，由 $\angle C = 45°$ 得出 $\angle PBC = 45°$	圆周角的性质：直径所对圆周角是直角	
（作法五） 作三角形的 外接圆	以 AB 为直径作圆交 AC 于点 P，连接 BP，$\angle APB = 90°$，由 $\angle C = 45°$ 得出 $\angle PBC = 45°$	圆周角的性质：直径所对圆周角是直角	
（作法六） 过一点作已知 直线的垂线、作 一条线段等于 已知线段	先过点 A 作 BC 的垂线交 BC 于点 G，以 G 为圆心，BG 为半径作圆交 AG 于点 H，构造等腰直角 $\triangle BGH$，作射线 BH 交 AC 于点 P，可得 $\angle BPC = 90°$，由 $\angle C = 45°$得出 $\angle PBC = 45°$	三角形内角和定理	

三、教学建议

1. 研读尺规作图文化，深挖几何知识背景

尺规作图作为简单的几何作图最基本的形式，是演绎推理的一种体现。《几何原本》这本书的问世，也将尺规作图推向了新高度。与此同时，《标准（2011 年版）》对尺规作图做出的要求在《几何原本》中都有所体现，不难发现，书中更多地体现了通过尺规作图这种演绎推理的形式，在几何证明中是不

可或缺的，同时也为我们提供了尺规作图的依据和原理，对尺规作图有了一个更深层次的了解。下表则是课标中要求的五类基本作图，在《几何原本》一书中均找到了出处。

课标要求	《几何原本》出处	《几何原本》表述
作一条线段等于已知线段	第Ⅰ卷命题2	由一个已知点（作为端点）作一条线段等于已知线段
作一个角等于已知角	第Ⅰ卷命题23	由已知直线和它上面一点，作一个直线角等于已知直线角
作一个角的平分线	第Ⅰ卷命题9	二等分已知直线角
作一条线段的垂直平分线	第Ⅰ卷命题10	二等分已知有限直线
过一点作已知直线的垂线	第Ⅰ卷命题11	由已知直线上一已知点作一直线和已知角成为直角
	第Ⅰ卷命题12	由已知直线外一已知点作该直线的垂线

著名的数学教育家 G. 波利亚在《数学的发现：对解题的理解、研究和讲授》一书中曾提到，在中学课程里传统的作图方法几乎全部是双轨迹模型的直接应用。基于此，通过对数学文化的研究，领悟数学几何语言的本质和作图原理，形成完整的解题结构，如图 26 所示。

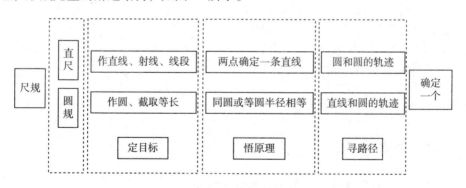

图 26

2. 深究尺规作图原理，促进数学素养提升

几何常见的基本性质和定理往往就是尺规作图的依据，因此平时在几何教学中注重合情推理与演绎推理的相互配合，数学思想的相互渗透，科学合理地

将理论与操作相结合，提升学生的数学思维能力，促进学生核心素养的培养。尺规作图教学是训练学生逻辑推理能力的一个重要内容，教学中应抓住知识的本质，注重知识的生成过程，强化知识的应用，在应用正向思维的同时，注意应用逆向思维。同时规范表达作图语言，深刻体会作图原理，准确提取作图依据，对已有知识进行系统化的迁移、内化、应用，找到不同的作法通向结果，达到一题多解、多解归一的学习效果。

3. 规范数学几何语言，理清尺规作图路径

数学语言是数学思维的显性体现，它往往通过一些符号、字母、文字向读者传达一些重要的信息，学习时特别要注意尺规作图不仅要熟悉操作层面的要求，还不能忽略尺规作图知识内化过程中利用数学语言表达。因此在教学中，不但要求学生熟悉尺规作图的规范，还要求学生会描述尺规作图相应的作图步骤。

四、命题建议

尺规作图题的命制很好地发挥了尺规作图的教育价值，更好地指向数学学科核心素养，更好地指导日常教学的方向，即抓住尺规作图本质，促进数学素养建构。尺规作图的命题，常常要利用图形创造一种情境，即要求在某种情境条件下，强调"观察、操作、推理"，由学生自己动手解决问题。学生能规范做出符合要求的图形，并能明晰其中的原理，是一种具有挑战性的创造活动，能够激发学生的兴趣和创造性。尺规作图问题能够考查学生思维开放性和创新性，题型呈现上可用选择题、填空题或解答题，考查方式上有尺规作图与作法操作、尺规作图与几何计算、尺规作图与证明猜想、尺规作图与方案设计、尺规作图与图案设计、尺规作图与实际应用等方式。

参考文献

[1] 欧几里得. 几何原本 [M]. 兰纪正，朱恩宽，译. 西安：陕西科学技术出版社，2003.

[2] G. 波利亚. 数学的发现：对解题的理解、研究和讲授 [M]. 北京：科学出版社，2006.

[3] 中华人民共和国教育部制定. 义务教育数学课程标准（2011 年版）

［S］．北京：北京师范大学出版社，2012.

［4］陈峰，钟鸣．一道中考尺规作图题的解法分析及教学启示［J］．中国数学教育·初中版，2019（9）：44－46.

［5］肖世兵．近三年"尺规作图"命题分析、感悟及实践［J］．中学数学教学参考（中旬），2020（6）：60－62.

增强文化自信　体现数学文化

——全国 2020 年初中学业水平考试数学文化试题命题背景及特色分析

一、以中外优秀传统数学文化为背景

例 1（2020·湘潭卷）　算筹是在珠算发明以前我国独创并且有效的计算工具，为我国古代数学的发展做出了很大的贡献。在算筹记数法中，以"纵式"和"横式"两种方式来表示数字，如表所示。

数字形式	1	2	3	4	5	6	7	8	9
纵式	│	‖	⫴	⫼	⎸⎸⎸⎸⎸	丅	丆	𝍢	𝍣
横式	—	═	≡	≣	⬚	⊥	⊥	⊥	⊥

表示多位数时，个位用纵式，十位用横式，百位用纵式，千位用横式，依此类推，遇零则置空。示例如下：⊥│丅═丆 6728 ⊥丅丆 6708，则 𝍢⊥丆 表示的数是_____。

【考查目标】数符转换能力和记数法。中国古代十进制的算筹是记数法在数学世界史上的一个伟大的创造，它的算法在世界上是比较先进的，是古代的重要科学技术成就，一直到算盘发明推广之前算筹都是中国最重要的计算工具，中国古人伟大的科技成就源于古老的数学智慧，在精巧的算筹上依然熠熠生辉。

【命题特色分析】以我国古代算筹记数法纵式与横式的综合使用表示多位数 ┴ ┸ | ⊥ ⫪ 的方法为载体，考查学生阅读理解能力及数符转换能力。在表示多位数时，用算筹表示的各位数字横纵相间，从位高到位低、从左至右横列，与如今的数字书写习惯相同。个位在最右，用纵式，十位用横式，百位用纵式，千位用横式，依此类推，遇零则置空，根据算筹记数法来计数即可。根据算筹记数法，表示的数是 9167，故答案为 9167。

例 2（2020·江西卷）公元前 2000 年左右，古巴比伦人使用的楔形文字中有两个符号（图 1），一个钉头形代表 1，一个尖头形代表 10，在古巴比伦的记数系统中，人们使用的标记方法和我们当今使用的方法相同，最右边的数字代表个位，然后是十位、百位，根据符号记数的方法，图 1 右符号表示一个两位数，则这个两位数是_____。

图 1

【考查目标】数符转换能力和直观能力。试题取材于古巴比伦人用楔形文字表示的记数系统，让学生感受不一样的数学文化。古巴比伦王国的数学非常发达，古巴比伦人记数的方法采用十进位和六十进位，其中用于计算时间的方法是六十进位法，这种进位的方法至今还在沿用。

【命题特色分析】以古巴比伦记数系统中的符号为载体，考查学生对符号与数对应关系的观察与理解能力。用数形结合的方法探寻规律，由图可知，有两个尖头表示 2×10，有 5 个丁头表示 5×1，所以这个两位数为 25。

例 3（2020·达州卷）　中国奇书《易经》中记载，远古时期，人们通过在绳子上打结来记数，即"结绳记数"。如图 2 所示，一位母亲在从右到左依次排列的绳子上打结，满 5 进 1，用来记录孩子自出生后的天数。由图可知，孩子自出生后的天数是（　　）

A. 10　　　　　　　B. 89　　　　　　　C. 165　　　　　　　D. 294

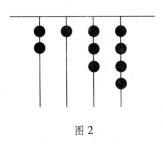

图2

【考查目标】进位制和算法。以中国古代的"结绳记数"为背景，在十进制记数法的基础上，学生利用类比思想，可以获得满五进一的感性认识，从而推算天数。

【命题特色分析】通过创设"结绳记数"进位制问题情境，考查学生类比迁移能力。中国古代文献《周易·系辞下》有"上古结绳而治，后世圣人，易之以书契"之说。"结绳而治"即结绳记事或结绳记数，"书契"就是刻画符号。结绳方法不仅在中国而且在世界其他许多地方都曾使用过，有些结绳实物甚至保存下来。由"在从右到左依次排列的绳子上打结，满5进1"可知：最右侧一列绳子上的1个结代表1，右侧第二列绳子上的1个结代表5，右侧第三列绳子上的1个结代表25，右侧第四列绳子上的1个结代表125，所以孩子出生的天数是$4+3\times5+1\times25+2\times125=294$，故答案为选项D。

例4（2020·盐城卷）　把1~9这9个数填入3×3方格中，使其任意一行、任意一列及两条对角线上的数之和都相等，这样便构成了一个"九宫格"。它源于我国古代的"洛书"（图3），是世界上最早的"幻方"。图4是仅可以看到部分数值的"九宫格"，则其中x的值为（　　　　）

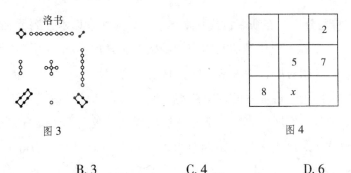

洛书

图3　　　　　　　　　　　　　图4

A. 1　　　　　　　B. 3　　　　　　　C. 4　　　　　　　D. 6

【考查目标】列方程解应用问题。"洛书"是世界上最早的"幻方"文化，本题以我国古代的"洛书"为背景，考查方程思想，渗透数学的对称美。

【命题特色分析】给出图示及数量抽象表格，定义"九宫格"的数量特点：其任意一行、任意一列及两条对角线上的数之和都相等。解题时需要观察图示，读懂"九宫格"的含义，列方程求解。由图4可知，对角线的和为15，从而求出右下角的数为6，再列出 $8 + x + 6 = 15$，则 $x = 1$，故答案为选项 A。

例5（2020·黄冈卷）　我国古代数学著作《九章算术》中有这样一个问题："今有池方一丈，葭（jiā）生其中央，出水一尺，引葭赴岸，适与岸齐，问水深几何？"（注：丈，尺是长度单位，1 丈 = 10 尺）这段话翻译成现代汉语，即为：如图5所示，有一个水池，水面是一个边长为 1 丈的正方形，在水池正中央有一根芦苇，它高出水面 1 尺，如果把这根芦苇拉向水池一边的中点，它的顶端恰好到达池边的水面。则水池里水的深度是几尺？

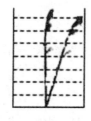

图 5

【考查目标】列一元二次方程解应用题。《九章算术》是中国传统数学最重要的著作，奠定了中国传统数学的基本框架，它的代数成就主要包括开方术、正负术和方程术，其中方程术是《九章算术》最高的数学成就，书中收集了246 个与生产、生活实践有联系的应用问题。命题重视数学文化，弘扬我国优秀的传统文化。

【命题特色分析】在众多古代数学名著中，《九章算术》备受命题者青睐，命题者从《九章算术》中选取与当今初中数学教学内容相关的题材为背景，加上简短翻译，文图对应，考查学生阅读理解与观图能力，以及将池深问题抽象为直角三角形问题进行求解的抽象能力。通过实际问题的解决，让学生体会我国古代悠久的数学发展历史，欣赏其辉煌的成就，激发学生的民族自豪感。根据题意，设这个水池深 x 尺，由题意得，$x^2 + 5^2 = (x + 1)^2$，解得 $x = 12$，即这个水池水深 12 尺。本题进行了改编，《九章算术》中原题还要求芦苇的长度，为减少运算量改为只求水池里水的深度，可知芦苇的长度为 13 尺。

例6（2020·宁波卷）　我国古代数学名著《孙子算经》中记载："今有木，不知长短，引绳度之，余绳四尺五寸；屈绳量之，不足一尺，木长几何？"意思是：用一根绳子去量一根木条，绳子还剩余4.5尺；将绳子对折再量木条，木条剩余1尺，问木条长多少尺？如果设木条长 x 尺，绳子长 y 尺，那么可列方程组为（　　）

A. $\begin{cases} y = x + 4.5 \\ 0.5y = x - 1 \end{cases}$　　　　　　B. $\begin{cases} y = x + 4.5 \\ y = 2x - 1 \end{cases}$

C. $\begin{cases} y = x - 4.5 \\ 0.5y = x + 1 \end{cases}$　　　　　　D. $\begin{cases} y = x - 4.5 \\ y = 2x - 1 \end{cases}$

【考查目标】列方程组解应用问题。本题以《孙子算经》中的"木条"问题为载体，体会我国古代数学问题解决方法，传递我国深厚的文化底蕴。

【命题特色分析】试题以中国古代数学名著《孙子算经》中的问题为命题素材，考查学生列方程组解决问题的能力。命题时将文言文翻译成现代文，方便学生阅读理解。根据"用一根绳子去量一根木条，绳子还剩余4.5尺"得 $y = x + 4.5$；由"绳子对折再量木条，木条剩余1尺"得 $0.5y = x - 1$，所以所列方程组为 $\begin{cases} y = x + 4.5, \\ 0.5y = x - 1 \end{cases}$，故答案为选项 A。

例7（2020·呼和浩特卷）　中国古代数学著作《算法统宗》中有这样一段记载："三百七十八里关；初日健步不为难，次日脚痛减一半，六朝才得到其关"。其大意是："有人要去某关口，路程为378里，第一天健步行走，从第二天起，由于脚痛，每天走的路程都为前一天的一半，一共走了六天才到关口。"则此人第一天和第六天这两天共走了（　　）

A. 102 里　　　　B. 126 里　　　　C. 192 里　　　　D. 198 里

【考查目标】列方程解应用问题。试题以我国古代数学名著《算法统宗》中的数学问题为载体，考查等差数列的求和运算，但可用初中方程知识进行求解。试题既体现了初中和高中的衔接，又彰显了数学的人文情怀，激发学生对中华优秀传统文化的热爱。

【命题特色分析】将古算题译为等差数列求和问题，考查学生阅读理解及利用方程知识求解问题的能力。设第六天走的路程为 x 里，则第五天走的路程为 $2x$ 里，依次往前推，第一天走的路程为 $32x$ 里，依题意，得 $x + 2x + 4x + $

$8x + 16x + 32x = 378$，解得 $x = 6$，$32x = 192$，$6 + 192 = 198$，所以此人第一天和第六天这两天共走了 198 里，故答案为选项 D。

二、以中外数学家优秀成果为背景

例 8（2020·长沙卷）　2020 年 3 月 14 日，是人类第一个"国际数学日"。这个节日的昵称是"π（Day）"，国际数学日之所以定在 3 月 14 日，是因为"3.14"是与圆周率数值最接近的数字。在古代，一个国家所算得的圆周率的精确程度，可以作为衡量这个国家当时数学与科技发展水平的一个主要标志。我国南北朝时期的祖冲之是世界上最早把圆周率的精确值计算到小数点后第 7 位的科学巨匠，该成果领先世界一千多年，以下是关于圆周率的四个表述：①圆周率是一个有理数；②圆周率是一个无理数；③圆周率是一个与圆的大小无关的常数，它等于该圆的周长与直径的比；④圆周率是一个与圆的大小有关的常数，它等于该圆的周长与半径的比。其中表述正确的是（　　）

A. ②③　　　　　　B. ①③　　　　　　C. ①④　　　　　　D. ②④

【考查目标】圆周率及实数概念。利用数学史 π 的故事走进学业水平考试，凸显数学的价值，激发学生对后继数学学习的兴趣和热情，回顾我国古代数学家祖冲之研究圆周率领先世界一千多年的辉煌成果，激发学生的民族自豪感和爱国热情，发挥数学文化的育人价值。

【命题特色分析】利用圆周率的意义和价值进行命题。圆的周长和它直径的比值，叫作圆周率，用字母 π 表示，π 是一个无限不循环小数。解题的关键是明确 π 的意义，并知道圆周率是一个无限不循环小数（无理数），3.14 只是取它的近似值。①圆周率是一个有理数，错误；②圆周率是一个无限不循环小数，因此圆周率是一个无理数，说法正确；③圆周率是一个与圆的大小无关的常数，它等于该圆的周长与直径的比，说法正确；④圆周率是一个与圆的大小有关的常数，它等于该圆的周长与半径的比，说法错误。故答案为选项 A。

例 9（2020·山西卷）　泰勒斯是古希腊时期的思想家、科学家、哲学家，他最早提出了命题的证明。泰勒斯曾通过测量同一时刻标杆的影长、标杆的高度、金字塔的影长，推算出金字塔的高度，这种测量原理就是我们所学的（　　）

A. 图形的平移　　　　　　　　　　B. 图形的旋转

C. 图形的轴对称　　　　　　　　　D. 图形的相似

图 6

【考查目标】相似图形变换。以古希腊哲学家泰勒斯利用图形的相似求出金字塔高度的趣闻轶事，将数学故事融入学业水平考试。让学生经历类似于数学家的研究过程，体会数学的魅力及古希腊人的聪明才智和对人类的贡献。

【命题特色分析】提供历史背景与问题情境，考查学生对问题情境（实物图）进行抽象的能力，用相似模型进行分析，得出泰勒斯的测量原理是利用图形的相似，故答案为选项 D。

例 10（2020·嘉兴卷） 数学家斐波那契编写的《算经》中有如下问题：一组人平分 10 元钱，每人分得若干；若再加上 6 人，平分 40 元钱，则第二次每人所得与第一次相同，求第一次分钱的人数。设第一次分钱的人数为 x 人，则可列方程为_____。

【考查目标】分式方程的应用。以数学家斐波那契编写的《算经》中的一个实际问题为背景，体会古今数学与日常生活的联系，考查学生阅读理解及方程表征能力。

【命题特色分析】选取《算经》中与日常生活密切联系的背景问题，考查学生列方程解决问题的能力。根据题意，第一次分得的钱为 $\dfrac{10}{x}$，第二次分得的钱为 $\dfrac{40}{x+6}$，根据第二次每人所得与第一次相同，则可列方程为 $\dfrac{10}{x} = \dfrac{40}{x+6}$。

三、以古代生产生活的内容为背景

例 11（2020·连云港卷） 筒车是我国古代利用水力驱动的灌溉工具，如图 7 所示。唐代陈廷章在《水轮赋》中写道："水能利物，轮乃曲成。"如图 8 所示，半径为 3m 的筒车 $\odot O$ 按逆时针方向每分钟转 $\dfrac{5}{6}$ 圈，筒车与水面分别交于

点 A、B，筒车的轴心 O 距离水面的高度 OC 长为 2.2m，筒车上均匀分布着若干个盛水筒。若以某个盛水桶 P 刚浮出水面时开始计算时间。

图 7

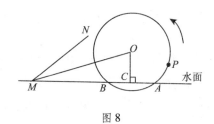

图 8

（1）经过多长时间，盛水桶 P 首次到达最高点？

（2）浮出水面 3.4 秒后，盛水桶 P 距离水面多高？

（3）若接水槽 MN 所在直线是⊙O 的切线，且与直线 AB 交于点 M，$MO=8m$。求盛水桶 P 从最高点开始，至少经过多长时间恰好在直线 MN 上？（参考数据：$\cos 43°=\sin 47°\approx\dfrac{11}{15}$，$\sin 16°=\cos 74°\approx\dfrac{11}{40}$，$\sin 22°=\cos 68°\approx\dfrac{3}{8}$）

【考查目标】以中国古代水力驱动的灌溉工具为背景，考查数学模型抽象及求解模型的能力。传播中国悠久的文明和智慧，增强学生对数学来源于生活，服务于生活的意识，感受我国古代人的聪明智慧，传承民族精神，树立民族自豪感。

【命题特色分析】以古代筒车及灌水为背景图，综合考查学生读题、观图、抽象、求解模型的解题过程。第（1）问先根据筒车每分钟旋转的速度计算出筒车每秒旋转的角度，再利用三角函数确定 $\angle AOC=43°$，计算出所需时间为 $\dfrac{180-43}{5}=27.4$（秒）；第（2）问先根据时间和旋转速度计算出 $\angle AOP=17°$，进而得出 $\angle POC=60°$，再计算 $OD=OP\cdot\cos 60°=3\times\dfrac{1}{2}=1.5$，从而得到盛水桶 P 距离水面的高度为 $2.2-1.5=0.7$（m）；第（3）问先确定当 P 在直线 MN 上时，此时 P 是切点，从而可得 $\angle POM=68°$，$\angle COM=74°$，$\angle POH=38°$，最后计算出所需要的时间为 $\dfrac{38}{5}=7.6$（秒）。

四、以数学名题为背景

例 12 （2020·河南卷） 我们学习过利用尺规作图平分一个任意角，而"利用尺规作图三等分一个任意角"曾是数学史上一大难题，之后被数学家证明是不可能完成的。人们根据实际需要，发明了一种简易操作工具——三分角器。图 9 （1）是它的示意图，其中 AB 与半圆 O 的直径 BC 在同一条直线上，且 AB 的长与半圆的半径相等；DB 与 AC 垂直于点 B，DB 足够长。

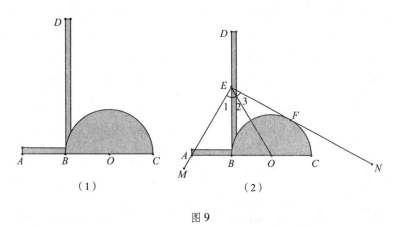

图 9

使用方法如图 9 （2）所示，若要把 $\angle MEN$ 三等分，只需适当放置三分角器，使 DB 经过 $\angle MEN$ 的顶点 E，点 A 落在边 EM 上，半圆 O 与另一边 EN 恰好相切，切点为 F，则 EB、EO 就把 $\angle MEN$ 三等分了。为了说明这一方法的正确性，需要对其进行证明。如下给出了不完整的"已知"和"求证"，请补充完整，并写出"证明"过程。

已知：如图 9 （2），点 A、B、O、C 在同一条直线上，$EB \perp AC$，垂足为点 B，___。

求证： _____。

【考查目标】 利用古希腊人提出的几何三大作图问题之一（三等分角），即用圆规与直尺把一任意角三等分的问题为素材，考查构建几何模型，解决问题的思想和方法。

【命题特色分析】 以数学名题为背景设计试题，是学业水平考试数学文化题命题的一大特色。数学名题一般与著名的数学家联系紧密，或者与著名的数学定理、公式、图形等相关，或者有特别的经典思想与解法。数学名题经过长期的积累和不断的创新，得到很好的拓展。这也是数学名题一直以来展示出其独特魅力的原因。三等分角问题是 2400 年前，古希腊人提出来的几何三大作图问题之一（倍立方体、化圆为方、三等分任意角）。这一问题的难处在于作图使用工具的限制，古希腊人要求几何作图只许使用直尺（没有刻度，只能作直线的尺）和圆规。这问题曾吸引了许多人去研究，但都无一成功。1837 年，Pierre Laurent Wantzel（1814—1848）运用代数方法证明了三等分任意角是一个尺规作图的不可能问题。本题是在尺规作图不可能解决三等分任意角的历史背景下，从几何图形的另一途径去构建模型解决此问题，让学生经历几何模型解决三等分角问题的过程，认识到数学模型的作用，通过推理及证明过程，提高逻辑思维能力，培养创新精神。解题的关键是由图 9（1）观察理解操作过程，抽象出数学模型（全等直角三角形），填空如下：如图 9（2）所示，点 A、B、O、C 在同一条直线上，$EB \perp AC$，垂足为点 B，$AB = OB$，EN 切半圆 O 于点 F。求证：$\angle 1 = \angle 2 = \angle 3$。求证解析如下：如图 10 所示，连接 OF，根据垂直的定义得到 $\angle ABE = \angle OBE = 90°$，再根据全等三角形的性质得到 $\angle 1 = \angle 2$，又根据切线的性质可证 $\angle 2 = \angle 3$，于是得到结论 $\angle 1 = \angle 2 = \angle 3$。

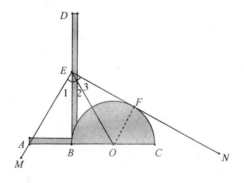

图 10

例 13（2020·武汉卷）　在探索数学名题"尺规三等分角"的过程中，有下面的问题：如图 11 所示，AC 是平行四边形 $ABCD$ 的对角线，点 E 在 AC 上，$AD = AE = BE$，$\angle D = 102°$，则 $\angle BCA$ 的大小是_____。

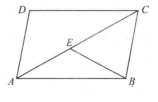

图 11

【考查目标】平行四边形的性质、等腰三角形的判定和性质、逻辑推理能力、运算能力、转化思想。本题源于在探索"尺规三等分角"的过程中所产生的新问题，人们在研究古希腊人尺规作图问题过程中，发现了众多新的数学问题，通过探究得到了很多研究成果。

【命题特色分析】提供图形"三角"模型（$\angle BCD = 3\angle BAC$），让学生联想数学名题"尺规三等分角"问题，使数学名题成为解题思考的联想起点，从而巧妙地将数学文化渗透于解题过程中。观察图形可知 $BC = AD = BE$，设 $\angle BAC = x$，则可得 $\angle BCA = 2x$，根据两直线平行同旁内角互补，即 $\angle D + \angle DCB = 180°$，列方程 $102° + 3x = 180°$，求得 $x = 26°$，故答案为 26°。

五、以当代生活文化为背景

例 14（2020·重庆卷）　火锅是重庆的一张名片，深受广大市民的喜爱。重庆某火锅店采取堂食、外卖、店外摆摊（以下简称摆摊）三种方式经营，6 月该火锅店堂食、外卖、摆摊三种方式的营业额之比为 3：5：2。随着促进消费政策的出台，该火锅店老板预计 7 月总营业额会增加，其中摆摊增加的营业额占总增加的营业额的 $\dfrac{2}{5}$，则摆摊的营业额将达到 7 月总营业额的 $\dfrac{7}{20}$，为使堂食、外卖 7 月的营业额之比为 8：5，则 7 月外卖还需增加的营业额与 7 月总营业额之比是_____。

【考查目标】三元一次方程组的应用。以学生熟悉的生活饮食文化为素材，考查学生运用数学知识解决实际问题的能力。问题情境体现时代性，贴近学生生活实际，具有浓郁的乡土文化气息，引导学生体会数学就在我们身边，生产生活离不开数学，数学的作用无处不在。

【命题特色分析】通过生活问题情境的创设，将数与代数内容与生活文化有机结合。试题设计新颖、内容丰富、背景公平，学生需从熟知的问题情境中提炼出数学关系模型，根据题意设出相应的未知数，结合题目中的等量关系列出方程组进行求解。法国数学家笛卡儿说："一切问题都可以转化为数学问题，一切数学问题都可以转化为代数问题，而一切代数问题又可以转化为方程问题，因此，一旦解决了方程问题，一切问题都将迎刃而解。"由题意设 6 月该火锅店堂食、外卖、摆摊三种方式的营业额分别为 $3k$、$5k$、$2k$，7 月总增加的营业额

为 m，则 7 月摆摊增加的营业额为 $\dfrac{2}{5}m$，设 7 月外卖还需增加的营业额为 x。因

为 7 月摆摊的营业额是总营业额的 $\dfrac{7}{20}$，且 7 月的堂食、外卖营业额之比为 8：

5，则 7 月的堂食、外卖、摆摊三种方式的营业额之比为 8：5：7，再设 7 月的
堂食、外卖、摆摊三种方式的营业额分别为 $8a$，$5a$，$7a$，由题意可知：

$$\begin{cases} 3k+\dfrac{3}{5}m-x=8a\ , \\ 5k+x=5a\ , \\ \dfrac{2}{5}m+2k=7a\ . \end{cases} \quad 解得 \begin{cases} k=\dfrac{1}{2}a\ , \\ x=\dfrac{5}{2}a\ , \\ m=15a\ . \end{cases}$$ 所以 $\dfrac{x}{8a+5a+7a}=\dfrac{\frac{5}{2}a}{20a}=\dfrac{1}{8}$，故本题的答案

为 $\dfrac{1}{8}$。

例 15（2020·山西卷）　中国美食讲究色香味美，优雅的摆盘造型也会让
美食锦上添花。图 12 中的摆盘，其形状是扇形的一部分，图 13 是其几何示意
图（阴影部分为摆盘），通过测量得到 $AC=BD=12\mathrm{cm}$，C、D 两点之间的距离
为 $4\mathrm{cm}$，圆心角为 $60°$，则图中摆盘的面积是（　　　　）

图 12

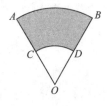

图 13

A. $80\pi\mathrm{cm}^2$　　　　B. $40\pi\mathrm{cm}^2$　　　　C. $24\pi\mathrm{cm}^2$　　　　D. $2\pi\mathrm{cm}^2$

【考查目标】扇形面积的计算，等边三角形的判定与性质。命题的背景是
美食的摆盘文化。"民以食为天"，这句话不仅仅说的是食物是人生存的根本，
也体现了饮食文化在中华文明中的重要地位。美食摆盘也有讲究，把美食摆进
漂亮又别致的餐盘显得美食更高大上，色香味美俱全，反映了饮食活动过程中
饮食品质、审美体验、情感活动、社会功能等所包含的独特文化意蕴，也反映
了饮食文化与中华优秀传统文化的密切联系，渗透文化育人的功能。

【命题特色分析】中华饮食文化博大精深、源远流长，在世界上享有很高

的声誉。中华饮食之所以能够征服世界，重要原因之一，就在于它的美食文化。摆盘选择扇环形状的器皿呈现很强的艺术色彩，美食与摆盘艺术结合展示浓郁的生活文化气息，而当美食与摆盘艺术相遇，看到的就是各美其美，美食之美，美美与共。本题从考查内容上看，是图形与几何内容和生活文化的结合。灵活运用扇形面积计算公式是解题的关键，如图 13 所示，连接 CD。首先证明 $\triangle OCD$ 是等边三角形，求出 $OC=OD=CD=4\text{cm}$，再根据 $S_{阴}=S_{扇形OAB}-S_{扇形OCD}$

$$=\frac{60\times\pi\times16^2}{360}-\frac{60\times\pi\times4^2}{360}=40\pi\ (\text{cm}^2)$$，所以本题的答案是选项 B。

例 16（2020 · 扬州卷）　大数据分析技术为打赢疫情防控阻击战发挥了重要作用。如图 14 所示是小明同学的苏康码（绿码）示意图，用黑白打印机打印于边长为 2cm 的正方形区域内，为了估计图中黑色部分的总面积，在正方形区域内随机掷点，经过大量重复试验，发现点落入黑色部分的频率稳定在 0.6 左右，据此可以估计黑色部分的总面积约为＿＿＿＿＿ cm^2。

图 14

【考查目标】利用频率估计概率。二维码是用某种特定的几何图形按一定规律在平面（二维方向上）分布的黑白相间的图形上记录数据符号信息的。本题取材于小明同学的苏康码（绿码）示意图，极具现实意义和丰富的生活文化背景。

【命题特色分析】数学命题要关注社会生活是时代的要求，设计出与社会热点问题密切相关、格调清新、情境鲜活、富有时代气息的好题，从而引导数学教学关注现实丰富的学生生活世界，关注社会热点，培养学生用数学的眼光观察世界，思考数学现实问题，增强学生的社会责任感。本题从考查内容上看，是统计概率内容与现实生活的结合。解题的关键是求出正方形二维码的面积，根据题意可知黑色部分的面积占正方形面积的 60%，计算黑色部分的面积约为 $4\times60\%=2.4\ (\text{cm}^2)$，故答案为 2.4。

六、以当代科技文化为背景

例 17（2020·成都卷）　2020 年 6 月 23 日，北斗三号最后一颗全球组网卫星在西昌卫星发射中心成功发射并顺利进入预定轨道，它的稳定运行标志着全球四大卫星导航系统之一的中国北斗卫星导航系统全面建成。该卫星距离地面约 36000 千米，将数据 36000 用科学记数法表示为（　　）

A. 3.6×10^3　　　　B. 3.6×10^4　　　　C. 3.6×10^5　　　　D. 36×10^4

【考查目标】用科学记数法表示较大的数。以我国卫星导航科技上取得的成就凸显我国科技实力的提高，激发学生的爱国热情和自豪感。

【命题特色分析】试题以我国科技成就为背景来创设问题情境，很好地体现出学科育人的价值。北斗三号最后一颗卫星被称为"矗星"，该卫星距离地面约 36000 千米，"矗星"作为北斗全球导航系统的最后一颗"收官之星"，可以说是国产化的集大成之作，标志着以北斗系统完成全球组网部署。中国的北斗、世界的北斗、一流的北斗，是北斗系统始终秉持和践行的发展理念，北斗系统全面建成后，不仅满足国民经济发展和国防建设需求，还将更好地服务于全人类，为世界提供中国方案、贡献中国智慧。我国成为继美国、俄罗斯之后世界上第三个具有卫星导航系统的国家。依据科学记数法，$36000 = 3.6 \times 10^4$，故答案为选项 B。

例 18（2020·福建卷）　2020 年 6 月 9 日，我国全海深自主遥控潜水器"海斗一号"在马里亚纳海沟刷新了我国潜水器下潜深度的纪录，最大下潜深度达 10907 米。假设以马里亚纳海沟所在海域的海平面为基准，记为 0 米，高于马里亚纳海沟所在海域的海平面 100 米的某地的高度记为 +100 米，根据题意，"海斗一号"下潜至最大深度 10907 米处，该处的高度可记为_____米。

【考查目标】正数、负数的意义及其应用。基于我国科技成就，结合数学知识的应用，让学生体会科技发展与数学的联系，感受数学应用的广泛性。

【命题特色分析】试题以我国科技成就为背景，创设数学应用问题，在体现数学的应用价值的同时，展示科技文化自信，有助于引导学生关注生活中的科技文化，提高对数学作为基础学科重要性的认识。"海斗一号"的研制成功，是我国海洋技术装备领域的一个里程碑，为我国深渊科学研究提供一种全新的技术手段，也标志着我国无人潜水器技术跨入了可覆盖全海深探测与作业的新时代。因为高于马里亚纳海沟所在海域的海平面 100 米的某地的高度记为 + 100 米，所以"海斗一号"下潜至最大深度 10907 米处，可记为 – 10907，故答案为 – 10907。

七、以数学图形美为背景

例 19（2020·衡阳卷） 下面的图形是用数学家名字命名的，其中既是轴对称图形又是中心对称图形的是（　　）

A　　　　　　B　　　　　　C　　　　　　D

【考查目标】轴对称图形和中心对称图形。将数学文化融入几何图形中，引导教学关注几何图形所蕴含的文化现象及思想。

【命题特色分析】本题以数学家名字命名的几何图形为载体，从轴对称和中心对称的角度分类，四个不同图形各代表了一类，考查学生对轴对称图形和中心对称图形的理解。每个图形的背后都有数学文化背景，有纪念的意义，如赵爽弦图体现了中国古代人对图形对称的审美观，彰显我国古代数学家的智慧，它还是 2002 年在北京召开的第 24 届国际数学家大会的会标。轴对称图形的关键是寻找对称轴，图形两部分折叠后可重合，中心对称图形是要寻找对称中心，旋转 180° 后两部分重合。赵爽弦图不是轴对称图形，是中心对称图形；科克曲线是轴对称图形，也是中心对称图形；笛卡儿心形线是轴对称图形，不是中心对称图形；斐波那契螺旋线既不是轴对称图形，也不是中心对称图形，故答案为选项 B。

例 20（2020·甘肃卷） 生活中到处可见黄金分割的美，如图 15 所示，在设计人体雕像时，使雕像的腰部以下 a 与全身 b 的高度比值接近 0.618，可以增加视觉美感，若图中 b 为 2 米，则 a 约为（　　）

A. 1.24 米

C. 1.42 米

B. 1.38 米

D. 1.62 米

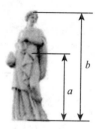

图 15

【考查目标】 黄金分割比的定义。本题的主线是黄金比例 $\dfrac{\sqrt{5}-1}{2}$，以设计人体雕像为背景，探讨人体黄金分割之美，不仅体现数学的审美价值，还表达了数学上对称、协调、和谐的美育思想。

【命题特色分析】 本题以实际生活中的素材，将数学知识融入学生熟知的问题中，以激发学生学习数学的兴趣，体现数学的应用价值与美育价值。根据题中所给信息，$a:b \approx 0.618$，代入 $b=2$，所以 $a \approx 2 \times 0.618 \approx 1.24$，故答案为选项 A。

例 21（2020·成都卷）　如图 16 所示，六边形 $ABCDEF$ 是正六边形，曲线 $FA_1B_1C_1D_1E_1F_1 \cdots$ 叫作"正六边形的渐开线"，$\overset{\frown}{FA_1}$，$\overset{\frown}{A_1B_1}$，$\overset{\frown}{B_1C_1}$，$\overset{\frown}{C_1D_1}$，$\overset{\frown}{D_1E_1}$，$\overset{\frown}{E_1F_1} \cdots$ 的圆心依次按 A，B，C，D，E，F 循环，且每段弧所对的圆心角均为正六边形的一个外角。当 $AB=1$ 时，曲线 $FA_1B_1C_1D_1E_1F_1$ 的长度是_____。

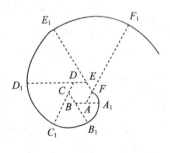

图 16

【考查目标】 弧长的计算。本题以正六边形的渐开线为载体，在欣赏数学的优美曲线的同时，要根据曲线组成部分、各部分位置关系、各部分数量关系来综合计算一段曲线的长度，体现了数学文化具有比数学知识体系更为丰富和深邃的文化内涵。

【命题特色分析】 正多边形的渐开线是平滑流畅的，都展示了连贯纤细的曲线美。本题将数学的神奇美蕴含在考试中，让学生品味数学变化的魅力，欣赏数学的图形美，激发学生对后继数学学习的兴趣和热情。解题的关键是熟练运用弧长公式进行计算，根据题意，得 $\overset{\frown}{FA_1}=\dfrac{60 \times \pi \times 1}{180}=\dfrac{\pi}{3}$；$\overset{\frown}{A_1B_1}=\dfrac{60 \times \pi \times 2}{180}$
$=\dfrac{2\pi}{3}$；$\overset{\frown}{B_1C_1}=\dfrac{60 \times \pi \times 3}{180}=\pi$；$\overset{\frown}{C_1D_1}=\dfrac{60 \times \pi \times 4}{180}=\dfrac{4\pi}{3}$；$\overset{\frown}{D_1E_1}=\dfrac{60 \times \pi \times 5}{180}=\dfrac{5\pi}{3}$；

$\overset{\frown}{E_1F_1} = \dfrac{60 \times \pi \times 6}{180} = 2\pi$。曲线 $FA_1B_1C_1D_1E_1F_1$ 的长度是 $\dfrac{\pi}{3} + \dfrac{2\pi}{3} + \pi + \dfrac{4\pi}{3} + \dfrac{5\pi}{3} + 2\pi = 7\pi$。故答案是 7π。

　　在初中数学学业水平考试命题中精心创设数学文化试题，既能弘扬中华优秀传统文化，增强民族自豪感和自信心，又能积极引导广大师生在教学中重视数学文化，认识数学文化的博大精深，感受数学文化的熏陶，提高数学欣赏水平。数学文化试题的命题要坚持立德树人的根本要求，突出时代性、文化性和创新性，选择合理、真实、自然的素材，新颖的呈现方式，有效考查学生数学文化素养水平。当数学文化广泛渗入命题、到达课堂、融入教学时，数学就会更加平易近人，激发学生学习数学的热情，热爱数学，达到数学文化育人的目的。

参考文献

［1］习近平．习近平谈治国理政（第三卷）［M］．北京：外文出版社，2020.

［2］中华人民共和国教育部制定．普通高中数学课程标准（2017年版，2020年修订）［S］．北京：人民教育出版社，2020.

［3］（汉）张苍等辑撰．九章算术［M］．南京：江苏人民出版社，2011.

［4］李文林．数学史教程［M］．北京：高等教育出版社，2000.

［5］梁宗巨．数学历史典故［M］．沈阳：辽宁教育出版社，1995.

新高考评价体系下浅谈初中、
高中数学教学的衔接

2020 年 1 月，教育部考试中心研制的《中国高考评价体系》和《中国高考评价体系说明》由人民教育出版社出版发行，该体系从高考的核心功能、考查内容、考查要求三个方面回答"为什么考、考什么、怎么考"的考试本源性问题，从而给出"培养什么人、怎样培养人、为谁培养人"这一教育根本问题在高考领域的答案。《中国高考评价体系》由"一核""四层""四翼"三部分组成。其中，"一核"是核心功能，即"立德树人，服务选才，引导教学"，是素质教育中高考核心功能的概括，回答了"为什么考"的问题；"四层"是考查内容，即"必备知识、关键能力、学科素养、核心价值"，是素质教育目标在高考中的提炼，回答"考什么"的问题；"四翼"是考查要求，即"基础性、综合性、应用性、创新性"，是素质教育的评价维度在高考中的体现，回答了"怎么考"的问题。

高考评价体系是对中国特色教育评价理论的丰富和发展，将持续推进我国高考内容改革和深化，因此，随着高中新课程新教材的实施，加强初中、高中数学的衔接是迫切需要的。新课程新教材下初中和高中数学教学相比，在教材内容、教学要求、教学方式、思维层次，以及学习方法等方面都发生了巨大的变化，如何衔接初中、高中数学教学和学生学法指导，促进初中、高中教学方式改革，助力发展素质教育，提高高中数学教与学的质量是一个十分重要的问题，本文主要通过对部分云南省中考数学和高考数学试题进行分析，给初中、高中数学教学衔接提供一些启示。

一、初中、高中数学教与学衔接的意义

在初中阶段，学生认知的特点是思维的抽象逻辑性占主要优势，但还属于

经验型的逻辑思维阶段，在一定程度上还需要感性经验的直接支持。到了高中阶段，学生的认知迅速发展，认知结构不断完善，辩证逻辑思维和创造性思维有了大幅度的发展，已经能够用理论做指导来分析综合各种事实材料，从而不断扩大自己的知识领域。与初中相比，高中数学对学生的思维能力提出了更高的要求，要求学生先通过对高中数学的感性认知，再运用比较、分析、综合、归纳、演绎等基本思维方法理解与掌握高中数学内容并能对具体的数学问题进行推论与判断，最终获得对高中数学知识本质和规律的认识能力。这一要求的提出不仅顺应了中学生的认知发展实际，也是数学学科在初中、高中过渡时期对学生思维发展提出的更高的发展目标。

题目对比组 1（2019·云南省初中学业水平考试数学试题）　若零上 8℃ 记作 +8℃，则零下 6℃ 记作_____℃。

（2019·高考全国卷 Ⅲ 数学，文理同题）已知集合 $A = \{-1, 0, 1, 2\}$，$B = \{x \mid x^2 \leq 1\}$，则 $A \cap B = ($　　　$)$

A. $\{-1, 0, 1\}$　　　　　　　B. $\{0, 1\}$

C. $\{-1, 1\}$　　　　　　　　D. $\{0, 1, 2\}$

【分析】这两个题目都是考查数学基本概念，第一道题目直接考查正数和负数的表示，非常具体形象；第二道题目考查了交集概念的理解，集合 A 是有限集，而集合 B 是无限集，从交集概念理解方面是很抽象的。从初中、高中数学概念方面看，初中的数学概念以具体形象思维层次为主，但高中的数学概念则发展到抽象逻辑思维层次。最典型的是初中、高中函数的概念，初中阶段把函数看成变量之间的关系，初中阶段不仅把函数看成变量之间的关系，同时还用集合与对应的语言刻画。因此，在高中数学概念教学过程和教学设计中，设计应立足于学生的认知基础，和对学生能力的要求，努力缩短初中、高中数学知识跨度的鸿沟，注重对数学概念认知过程的研究，完善和发展学生的认知结构，让学生能够更加深刻地体会到数学的本质。

因此，高中数学教学过程中让学生通过对比发现、类比发现、归纳发现、操作发现、尝试发现、联系发现等一些途径来理解抽象的数学概念、定义、定理、公式等，中、高考试题命制时，要以问题情境为载体，加强对基本概念、原理、思想方法的考查，体现中、高考试题的"基础性"，这个变化一方面更好地引导教学以达到认识数学本质的目的，另一方面阐明了初中、高中数学教与学衔接的意义。

二、初中、高中数学教学方面的衔接

　　一方面，由于学段的不同，课程标准要求不同，初中教师重视直观、形象教学，而高中教师在授课时强调数学思想方法和思维能力，这就形成初中、高中教师教学方法上的较大反差，中间又缺乏过渡过程，高中新生普遍适应不了高中教师的教学方法。另一方面，高中数学知识体系的综合性特点要求学生必须具备一定的基础知识、基本技能和基本的数学活动经验，其思维品质要有一定的广度和深刻性，要求学生具备初中数学必备的核心素养。这也就要求加强初中、高中教学方面的衔接，才能在数学的学习中顺势而上，驶入快车道。

　　题目对比组2（2019·云南省初中学业水平考试数学）　一个圆锥的侧面展开图是半径为8的半圆，则该圆锥的全面积是（　　）

　　A. 48π　　　　　　B. 45π　　　　　　C. 36π　　　　　　D. 32π

　　（2019·高考全国卷Ⅲ数学试题，文理同题）　如图1所示，点 N 为正方形 $ABCD$ 的中心，$\triangle ECD$ 为正三角形，平面 $ECD\perp$ 平面 $ABCD$，M 是线段 ED 的中点，则（　　）

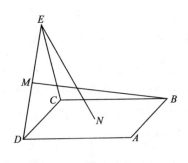

图1

　　A. $BM=EN$，且直线 BM、EN 是相交直线

　　B. $BM\neq EN$，且直线 BM、EN 是相交直线

　　C. $BM=EN$，且直线 BM、EN 是异面直线

　　D. $BM\neq EN$，且直线 BM、EN 是异面直线

　　【分析】两道题都考查了空间想象能力和计算能力。第一道题目只需将空间图形平面化，先计算出圆锥底面圆的半径，再计算出圆锥的侧面积和底面积即可；第二个题目连接 BD 后，可判断出 BM 和 EN 的位置关系，求 BM 和 EN

的长度时，就得利用垂直关系，构造直角三角形，再结合勾股定理进而解决问题。本题解题的关键是几何构图，本题与初中几何有非常紧密的联系，要求考生要有较好的初中几何素养，一方面是通过几何直观实现空间图形与平面图形之间的相互联系和转化，另一方面通过几何构图进行计算。就立体几何教学而言，不仅是通过几何画板软件让学生从视觉上感受几何体的结构，而且让学生动手操作，通过制作模型，分析问题时多采用比一比、量一量、折一折、做一做等方式，在实践操作中去理解立体几何的各种"线线""线面""面面"的关系，化抽象为直观，构建空间想象能力。

题目对比组3（初中数学八年级勾股定理习题）　如图2所示，阴影部分表示以直角三角形各边为直径的三个半圆所组成的两个新月形，已知 $S_1 + S_2 = 5$，且 $AC + BC = 6$，求 AB 的长。

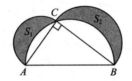

图2

（2018·高考全国卷Ⅰ数学）图3来自古希腊数学家希波克拉底所研究的几何图形。此图由三个半圆构成，三个半圆的直径分别为直角三角形 ABC 的斜边 BC，直角边 AB、AC。

△ABC 的三边所围成的区域记为Ⅰ，黑色部分记为Ⅱ，其余部分记为Ⅲ。在整个图形中随机取一点，此点取自Ⅰ、Ⅱ、Ⅲ的概率分别记为 p_1、p_2、p_3，则（　　）

A. $p_1 = p_2$　　　　　　　　　　B. $p_1 = p_3$

C. $p_2 = p_3$　　　　　　　　　　D. $p_1 = p_2 + p_3$

图3

【分析】两道题都考查了推理能力和计算能力，两个问题均要从勾股定理进行推理。第一道题目根据勾股定理得到 $AC^2 + BC^2 = AB^2$，根据扇形面积公式、直角三角形面积公式，可求得 $S_1 + S_2 = S_{\triangle ABC}$，进一步得到 $AC \cdot BC = 10$，结合

$AC + BC = 6$，再利用完全平方公式计算出 $AB = 4$；第二道题目首先设出直角三角形三条边的长度，根据其为直角三角形，从而得到三边的关系，之后应用相应的面积公式求得各个区域的面积，根据其数值大小，确定其关系是黑色部分等于 $\triangle ABC$ 的面积，再利用面积型几何概型的概率公式确定出 $p_1 = p_2$ 的关系，两道题目的解题核心都是由勾股定理得出新月形的面积和等于此图中直角三角形的面积，似乎都聚焦于"月亮代表我的心"这一不变规律。两道题目都要求学生能够触类旁通、融会贯通，凸显对复合能力的要求，有效考查学生综合运用知识和能力的水平，从而实现对学生素质综合的全面考查。

题目对比组4（初中数学八年级统计习题） 云南省深入贯彻党中央决策部署，高水平推动云南建设，经济实现了持续平稳健康发展。根据2010—2019年云南省地区生产总值（单位：亿元）统计图所提供的信息，下列判断错误的是（　　）

图4

A. 2010—2019年云南省地区生产总值持续增涨，2019年生产总值达到23224亿元

B. 2010—2019年云南省地区生产总值的中位数是13217亿元

C. 2014—2015年与2016—2017年云南省地区生产总值增长率相同

D. 2016年云南省地区生产总值与2010年云南省地区生产总值相比，实现了翻一番

（2017·高考全国卷Ⅲ数学，文理同题） 某城市为了解游客人数的变化规

律，提高旅游服务质量，收集并整理了 2014 年 1 月至 2016 年 12 月期间月接待游客量（单位：万人）的数据，绘制了折线图，如图 5 所示。

图 5

根据该折线图，下列结论错误的是（　　　）

A. 月接待游客量逐月增加

B. 年接待游客量逐年增加

C. 各年的月接待游客量高峰期在 7 月、8 月

D. 各年 1—6 月的月接待游客量相对于 7—12 月，波动性更小，变化比较平稳

【分析】两道题都考查了数据分析和获取信息的能力，呈现的统计图分别是条理统计图和折线统计图，两幅统计图均直观、形象地反映了数据的分布规律。第一道题目主要涉及变化趋势、增长率、中位数，数据翻一番，易知 C 选项错误；第二道题目主要涉及变化趋势、峰值、波动，易知 A 选项错误。两道题目都考查了学生运用统计知识解决生活实际问题的能力，体现了中、高考试题的"应用性"。

因此，在初中、高中数学教学的衔接方面，初中数学教师也要主动衔接高中数学教学，对学生的思维能力、思维品质、思维意志以及数学核心素养逐步提升、反复培养。高中教师应有意识地进行开放式教学，引导学生展开创新思维，让学生充分体验，并注意对不同的思维方法、不同的运算方法进行对比评价，鼓励学生质疑，鼓励学生各抒己见，让学生思维的火花绽放，从中培养他们的思维能力和思维品质。

三、初中、高中数学学习方法方面的衔接

初中生经历了中考的奋力拼搏，刚跨入高中，信心十足，思维也上了一个台阶，求知欲旺盛，都有把高中数学学好的愿望。但为什么出现相当部分学生不适应高中数学学习，听不懂、学不会呢？除了知识衔接的原因和教学衔接的原因外，还有一个重要原因是学习方法衔接。

题目对比组5（2019·云南省初中学业水平考试数学）　在平行四边形 $ABCD$ 中，$\angle A = 30°$，$AD = 4\sqrt{3}$，$BD = 4$，则平行四边形 $ABCD$ 的面积等于_____。

（2019·高考全国卷Ⅲ数学，文理同题）　$\triangle ABC$ 的内角 A、B、C 的对边分别为 a、b、c，已知 $a\sin\dfrac{A+C}{2} = b\sin A$。

（1）求 B；

（2）若 $\triangle ABC$ 为锐角三角形，且 $c = \dfrac{12}{25}$，求 $\triangle ABC$ 面积的取值范围。

【分析】两道题都考查了平面几何图形的面积问题，也是创新性为主的试题，这类试题旨在考查学生独立思考、对问题或观点提出不同看法并进行论证的能力，考查学生创新地运用知识发现问题、分析问题、解决问题的能力，这种类型的试题考查的是学生的创新思维和意识的"创新性"。第一道题目是过 D 作出 AB 边上的高 DH，在作高的过程中，要考虑有两种可能性，即垂足在直线 AB 边上或在线段 AB 的延长线上，从而求出高 DH 为 $2\sqrt{3}$，再求出 AB 的长是 4 或 8，最后得出结果是 $8\sqrt{3}$ 或 $16\sqrt{3}$；第二道题目的第（1）问利用正弦定理化简题中等式，得到关于 B 的三角方程，最后根据 A、B、C 均为三角形内角，解得 $B = \dfrac{\pi}{3}$。第（2）问根据三角形面积公式 $S_{\triangle ABC} = \dfrac{1}{2}ac \cdot \sin B$，又根据正弦定理和 $\dfrac{12}{25}$ 得到 $S_{\triangle ABC}$ 关于 C 的函数，由于 $\triangle ABC$ 是锐角三角形，所以利用三个内角都小于 $\dfrac{\pi}{2}$ 来计算 C 的定义域，最后求解 $S_{\triangle ABC}$（C）的值域。

由于高中数学概括性强，题目灵活多变，只靠上课听懂是不够的，需要课后认真消化和归纳反思。平时的解题训练中，学生解题后要反思一题多解和一

题多变，促进学生加强对解题方法和解题规律的总结，以此培养学生学习的自学性及善于反思的习惯，扩大知识和方法的应用范围，提高学习数学的效率和质量。从初中解决问题的方法上讲，第二道题目的第（2）问与第一道题目有非常高的相似程度，可利用第一道题目的方法"对着特殊角作高"，即由点 A 作出 BC 边上的高 AD，结合题目中 $\triangle ABC$ 为锐角三角形，可作出图 6（其中 $BA \perp EA$）：

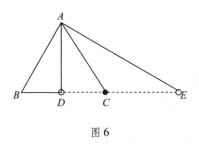

图 6

从所构造的图形上观察，点 C 只能在线段 DE 上运动，容易求出 $AD = \dfrac{\sqrt{3}}{2}$，又 $BC \in \left(\dfrac{1}{2}, 2\right)$，从而快速求出 $S_{\triangle ABC} \in \left(\dfrac{\sqrt{3}}{8}, \dfrac{\sqrt{3}}{2}\right)$，这种解法没用到高中的正弦定理、面积公式、角的代换、三角函数的化解等知识，十分方便。

在学法指导方面，高中数学学习要求学生学会整理数学笔记、建立数学纠错本、从多角度多层次地进行归纳总结、质疑和反思，掌握数学思想方法，注意新旧知识的联系和转化，形成新的系统，在知识的学习中提炼，形成数学的核心素养，做到举一反三、融会贯通。

综上所述，根据《中国高考评价体系》中"四翼"的考查要求，高考命题需要体现基础性、综合性、应用性、创新性。因此，选取部分中高考试题、习题进行对比分析，来探寻初中、高中数学教学的一些衔接措施，从认知规律、教学特点、学法指导等几个方面来寻找衔接点，促进教师在高中数学教与学中进行创新教学改革，尽可能在新课程新教材体系下高质量地培养和发展学生学习数学的能力，使学生在数学学习中树立自信、坚定信念、增强定力、激励精进、启迪智慧、净化心灵。

从学科整体出发设计锐角三角函数概念的教学

一、从函数看数学的整体性

在客观实际中，万事万物的变化都是天经地义的，然而，上述变化却经历了漫长、曲折而相似的过程；让学生返璞归真地、有选择地简单经历这个过程（图1），对他们理解数学的整体性、感受数学研究的"味道"很有好处；这也是培养学生的数学核心素养，提高他们发现和提出问题、分析和解决问题能力的极佳途径。

事物变化　→　数据变化　→　变量关系　→　对应关系　→　映射关系　→　数学分析

图 1

（一）函数发展过程中的基本思想

函数发展过程中的一个重要特点是：具体事物的规律变为抽象的规律，使得在原来范围内成立的规律在更大的范围内仍然成立。

函数的发展：刻画一种变化规律，就要研究有关变化对象的关系；研究变化对象的关系，就要用数学模型表达这种关系。

（二）函数发展过程中的整体结构

背景（现实、数学内部）—定义—表示—分类—性质—联系和应用。

这是研究一个数学新对象的基本方法（套路）。

从概念知识的角度认识锐角三角函数的概念。

锐角三角函数是将具体的变化规律抽象得到的变量的对应关系 $y = \sin x$，$y = \cos x$，$y = \tan x$，这种规律就是直角三角形的锐角与边的比值的关系。

从函数整体的角度认识锐角三角函数的概念。

从函数到三角函数，是由一般的函数模型 $y = f(x)$ 演绎为具体的函数模型 $y = \sin x$，三角函数模型是核心。

按照研究函数的基本方法，具体事实—定义—表示—分类，抽象是核心。

重点：锐角三角函数模型 $y = \sin x$，$y = \cos x$，$y = \tan x$，抽象概括；素材：具体的相似直角三角形。

二、用系统的思维组织锐角三角函数概念的教学

每一个学科都是一个系统的整体，理解和掌握学科知识需要系统思维。

系统思维就是把认识对象作为系统，从系统与要素、要素与要素、系统与环境的相互联系及相互作用中，综合地考察认识对象的一种思维方法。

系统思维能极大地简化人们对事物的认知，系统思维给我们带来整体观、全局观，具备系统思维是逻辑抽象能力强的集中表现。

（一）认识锐角三角函数概念的系统思维

梳理"锐角三角函数"知识，明确其构成要素；用文字、图表、解析式表示及其构成要素；以要素为标准对其知识信息分类。——明确研究对象

研究同类知识要素间的关系，以及锐角三角函数与函数、其他具体函数的关系。——建立基本关系

通过建立基本关系，得到锐角三角函数的概念，从而运用概念分析解决有关问题。——分析解决问题

（二）把锐角三角函数的概念作为一个系统进行研究

明确研究对象（定义，表示，分类）—基本关系（要素，与函数、其他函数的关系）—建立基本联系。

定性研究（用图说明）—定量研究（用数据说明）。

培养系统思维，可使学生养成全面思考问题的习惯，避免"见木不见林"，进而使他们在面对学科问题时，能把解决问题的目标、过程及其优化、对问题的拓展和深化等作为一个整体进行研究，以使"学会思考，善于认识和解决问

题"落到实处。

（三）什么是基本关系

某种事物内部稳定的联系，以及同类事物之间稳定的联系。

问题："事物内部"指什么？"稳定的联系"是怎么表现的？到底怎样才能发现这种"联系"？

从"函数"和"正比例函数"能想到什么？

"函数"和"正比例函数"的"内部"是组成要素：自变量 x 和因变量 y。

"函数"和"正比例函数"的"稳定的联系"分别是：要素之间确定的关系 $y=f(x)$ 和 $y=kx$，x 为自变量，y 为因变量。

要建立锐角三角函数的概念，可以类比函数和正比例函数，从类似知识内部基本关系出发，研究锐角三角函数的要素之间是否形成确定的关系入手。

锐角三角函数的组成要素：自变量和因变量，稳定的联系：$y=f(x)$。

教学内容的组织：如何引导学生发现和提出值得研究的问题（得到 f：$x \rightarrow y$）？

三、学科化的过程

以学科知识的发生发展过程为载体，按学生的认知规律设计教学，使学生经历研究一个学科对象的基本过程，提高发现和提出问题、分析和解决问题的能力。

（一）选择相似直角三角形的具体问题

从加强思想方法和解决问题的策略思考如下问题。

如何发现信息（具体问题中的变量及其关系）；

定性（作图）或定量（数据及其运算）地研究问题；

将新问题化归为旧问题（函数和正比例函数）；

从知识的联系思考问题（抽象锐角三角函数模型）。

（二）获得分析和解决问题思路的关键

理解基本关系：数据的变化关系—图形的变化规律—数据运算结果的不变性（比例为定值）；

对"边长比值"和"锐角大小"的认识；

建立锐角三角函数的概念，就是通过具体问题建立变量间的基本关系，抽象概括出锐角三角函数模型 $y = \sin x$，$y = \cos x$，$y = \tan x$。

（三）引导学生用锐角三角函数概念分析和解决有关问题

建立与其他函数的联系，从整体出发，分析一般函数的基本关系。

用系统的思维，从不同角度发现和提出与其他学科或实际有关的问题，通过建立数学模型分析和解决问题。

一节勾股定理的逆定理课例及评析

本课例是昆明市盘龙区初中数学教师专业发展与信息技术融合公益研讨会上的一节公开课，是一节基于教育信息化 2.0 行动下的研讨交流课，所使用的教材和课题是"人教版初中数学八年级下册第十七章 17.2　勾股定理的逆定理"。本节课采用先学后教的教学方式，课前让学生观看两个预习视频及完成附带的四道基础练习，再进一步利用康奈尔笔记法整理完成自学笔记，课中教师在学生自学的基础上，充分利用洋葱数学的教学视频、手机触控、希沃手机投屏技术等手段，让信息技术与教学有效融合，提高了教学效率。在教学过程中，教师用问题串引导学生全程参与教学活动，通过师生密切配合，较好地实现了课堂教学的高质量目标，同时在课本知识的基础上设计了探究问题。笔者听课后，重新对该课进行设计，使之理念上更符合"自学·议论·引导"教学法的特点，更具有可操作性和数学教学的价值，以供参考。

一、学情分析

八年级的学生正是由实验几何向推理几何过渡的重要时期，通过对勾股定理的逆定理的探究，培养学生的分析思维能力，发展推理能力。因此，教师只有理解数学、理解学生、理解教材、理解技术，才能更好地落实数学学科的核心素养。

二、学习目标

（1）理解原命题、逆命题、逆定理、勾股数的概念及关系。
（2）掌握勾股定理的逆定理和勾股数的定义。
（3）能应用勾股定理的逆定理判定直角三角形。

三、学习目标

重点：逆命题、逆定理的概念，勾股定理的逆定理的应用。

难点：勾股定理的逆定理的证明。

四、教学过程

环节一：观看微课，自主学习

课前教师让学生观看两个洋葱数学预习视频（"逆命题与逆定理"和"勾股定理的逆定理"），完成附带的四道基础练习，教师结合本节所学内容培训学生利用康奈尔笔记法整理完成自学笔记（图1）。

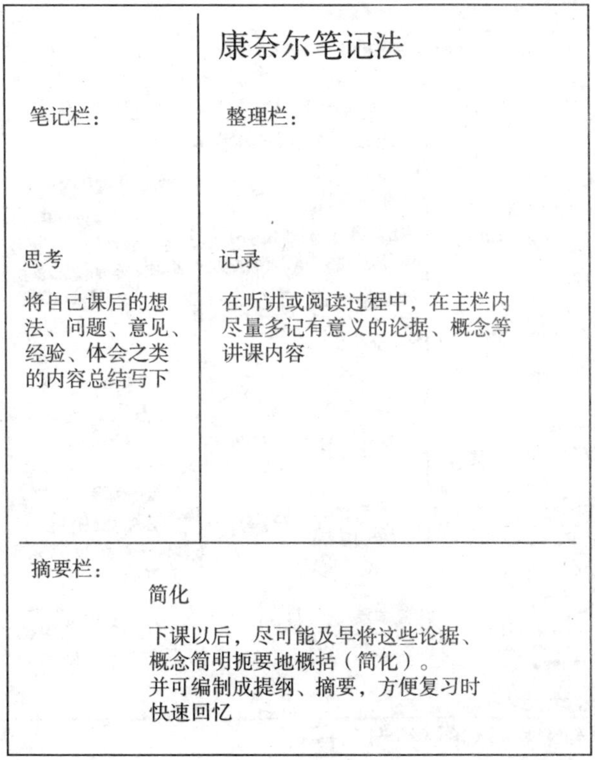

图 1

【本环节设计意图】 康奈尔笔记法是一种集笔记、复习、自测和思考于一身的学习方法，而不仅仅是一种分区式笔记法，教师指导学生学会使用康奈尔笔记法学习，会让学习事半功倍。科学家的研究表明预习和自测可以大幅提高学习效果。而康奈尔笔记法的精髓也在于此，因此并不是说，简简单单地把笔记分区就叫康奈尔笔记法。记录之后的四个"R"才是重点。至于笔记的形式并不重要，学生可以根据自己的需要，灵活改进应用，还可以有个性化和创新性。

环节二：预习反馈，展示回顾

从教师收回的笔记来看，学生对这种笔记的运用非常到位，对自学的知识理解效果显著，学生的学习是主动建构的，并且有许多创新的地方，有助于自学能力的提高。教师在课中展示了四位学生的自学笔记，并对自学知识进行了简要的回顾，限于篇幅，下面选取一位学生的康奈尔预习笔记（图2）。

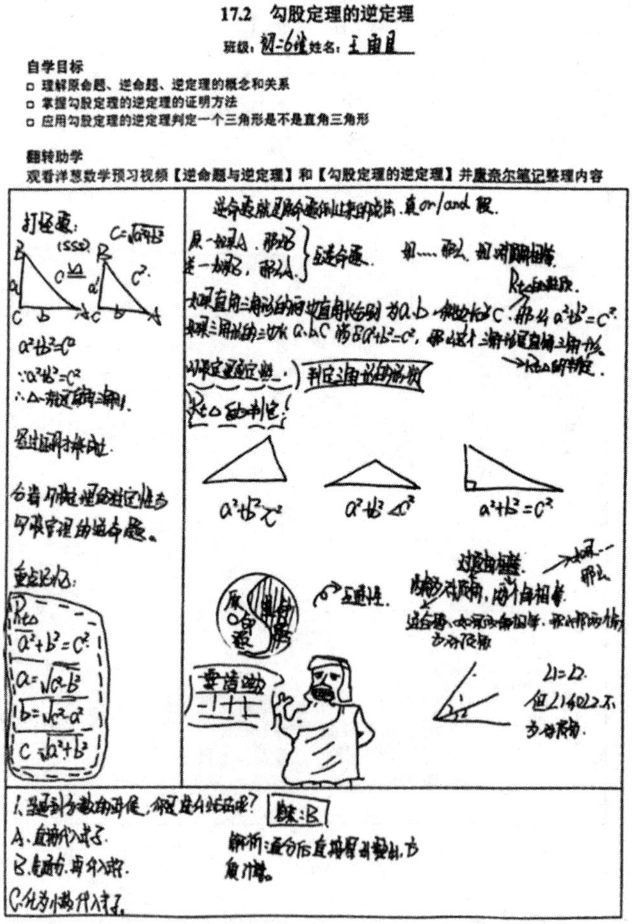

图2

【本环节设计意图】通过展示，教师让学生相互学习康奈尔预习笔记的成果，提高学习能力，并指导学生运用康奈尔预习笔记学习时，注意写要点，不要照搬，并灵活运用缩写和符号简化笔记，要有想象力和创造性，要符合自身的学习个性。

环节三：设计情境，问题导学

据说，古埃及人曾用下面的方法画直角：把一根长绳打上等距离的 13 个结，然后以 3 个结间距、4 个结间距、5 个结间距的长度为边长，用木桩钉成一个三角形，其中一个角便是直角（图3）。

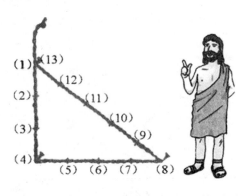

图3

问题1：该三角形的三边分别为3、4、5，这些数满足怎样的数量关系？

学生回答：满足关系：$3^2 + 4^2 = 5^2$。

问题2：这三条边围成的三角形是直角三角形吗？

师生活动：用圆规、刻度尺作 $\triangle ABC$，使 $AB = 5\text{cm}$，$AC = 4\text{cm}$，$BC = 3\text{cm}$，量一量 $\angle C$，学生测量后回答，$\angle C = 90°$。

问题3：再画一个三角形，使它的三边长分别是 5cm、12cm、13cm，这个三角形有什么特征？

师生活动：用圆规、刻度尺作 $\triangle ABC$，使 $AB = 13\text{cm}$，$AC = 12\text{cm}$，$BC = 5\text{cm}$，量一量 $\angle C$，学生测量后回答，$\angle C = 90°$。将三边换成 8cm、15cm、17cm，还是直角三角形吗？

讨论结果：如果三角形的三边长分别为 a、b、c，满足 $a^2 + b^2 = c^2$，那么这个三角形是直角三角形。

【本环节设计意图】介绍前人经验，激起学生的兴趣，启发思考，使学生意识到数学来源于生活，同时明确了本节课研究的问题，既进行了数学史的教育，又锻炼了学生动手实践、观察探究的能力，从而形成对勾股定理的逆定理的感性认识。

环节四：明晰概念，议论发现

问题1：下列两个命题的题设和结论分别是什么？

命题1：直角三角形的两条直角边分别为 a、b，斜边长为 c，则 $a^2 + b^2 = c^2$。

命题2：如果三角形的三边长分别为 a、b、c，满足 $a^2 + b^2 = c^2$，那么这个三角形是直角三角形。

师生活动：学生独立思考回答问题，命题 1 的题设是直角三角形的两直角边长分别为 a、b，斜边长为 c，结论是 $a^2 + b^2 = c^2$；命题 2 的题设是三角形的三边长分别为 a、b、c，满足 $a^2 + b^2 = c^2$，结论是这个三角形是直角三角形。教师引导学生分析得出这两个命题的题设和结论正好是相反的，原命题与逆命题的关系就是命题中题设与结论"互换"的关系。归纳出互逆命题概念：两个命题的题设和结论正好相反，像这样的两个命题叫作互逆命题，如果其中一个叫原命题，那么另一个就叫作它的逆命题。

问题2：请同学们举出一些互逆命题，并思考：是否原命题正确，它的逆命题也正确？举例说明。

师生活动：学生分组讨论合作交流，然后举手发言，教师适时记下一些互逆命题，其中既包含原命题、逆命题都成立的互逆命题，也包括原命题成立逆命题不成立的互逆命题。

例如：①对顶角相等和相等的角是对顶角；②全等三角形的对应角相等和对应角相等的三角形是全等三角形；③两直线平行，内错角相等，和内错角相等，两直线平行；④线段垂直平分线上的点到这条线段两端点的距离相等和到一条线段两端点距离相等的点在这条线段的平分线上。

讨论结果：原命题正确，逆命题不一定正确。

问题3：原命题正确，它的逆命题不一定正确，那么勾股定理的逆命题正确吗？

师生活动：教师引导学生分析命题的题设及结论，让学生独立画出图形，写出已知和求证。引导学生充分思考后，教师让学生观看洋葱数学视频"勾股定理的逆定理的证明"。

【本环节设计意图】让学生在议论、合作交流、教师引导的基础上明确互逆命题的概念，在互动的过程中掌握互逆命题的真假性是各自独立的，得出勾股定理的逆定理，在这期间，教师顺势给出原命题、逆命题、逆定理的概念，最后通过视频教学，合理运用素材，突破教学难点，从而帮助学生获得正确认知。

环节五：布鲁姆提问，知识内化

布鲁姆提问法将认知过程分为 19 个子维度，低层次的思考有记忆、理解、应用，高层次的思考有分析、评价、创造，其中理解可以围绕解释、举例、总结、推断、分类、说明这些方面进行提问。在教学中，我们想检测学生是否理解知识，可以这样提问，用自己的话解释、用画图解释、用符号表示、用肢体语言表示、举一个生活中的例子，总结相同点和不同点，通过学生从各个角度的解释来分析他们是否真正地理解了。

问题 1：请用自己的话解释原命题和逆命题的关系，并举例说明。

问题 2：请用画图和列式的方式解释勾股定理与逆定理。

问题 3：请用画图的方式说明勾股定理的逆命题也是成立的吗，如何证明。如图 4 所示。

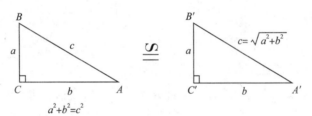

证明勾股定理的逆定理

图 4

问题 4：你可不可以用自己的话来解释勾股定理和勾股定理的逆定理是什么关系？

问题 5：请举例说出另外一对互逆定理。

问题 6：勾股定理和它的逆定理，对于我们研究直角三角形的价值是什么？

问题 7：你可不可以举个例子来说明一下今天所学的概念？

【本环节设计意图】 如果我们课堂上能用布鲁姆提问法提出两到三个精心准备的问题，会大大促进学生的思考，从而收到良好的教学效果。

环节六：学以致用，新知巩固

例 1　下列命题中，其逆命题不是真命题的是（　　　）

A. 直角三角形的两个锐角互余

B. 同位角相等，两直线平行

C. 到一个角两边距离相等的点在这个角的平分线上

D. 对顶角相等

师生活动：学生自主探究，寻求结论。教师巡视，及时指导，让学生在练习过程中加深对知识的领悟。通过交流互动，进一步熟悉和掌握互逆命题、互逆定理的概念。

例2　判断由线段 a、b、c 组成的三角形是不是直角三角形。

（1）$a=15$，$b=8$，$c=17$；（2）$a=13$，$b=14$，$c=15$。

解：（1）$\because 15^2+8^2=225+64=289$，

$17^2=289$，

$\therefore 15^2+8^2=17^2$。

根据勾股定理的逆定理，这个三角形是直角三角形。

（2）$\because 13^2+14^2=169+196=365$，

$15^2=225$，

$\therefore 13^2+14^2\neq 15^2$。

根据勾股定理的逆定理，这个三角形不是直角三角形。

勾股数：像15、8、17这样，能够成为直角三角形三条边长的三个正整数，称为勾股数。

师生活动：启发学生形成思路，并规范地书写解题过程，结合例子给出勾股数的概念。在此活动中，教师帮助学生分析得到：要判断一个三角形是不是直角三角形，可根据勾股定理及其逆定理，关键是对两条较小边长的平方和与最大边长的平方进行比较，只有相等时才是直角三角形。

例3　如图5所示，在四边形 $ABCD$ 中，$AB=3$，$BC=4$，$CD=12$，$AD=13$，$\angle B=90°$，求四边形 $ABCD$ 的面积。

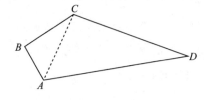

图5

解：$\because AB=3$，$BC=4$，$\angle B=90°$，

$\therefore AC=5$。

$\because CD=12$，$AD=13$，

又$\because 5^2+12^2=13^2$，

$\therefore AC^2+CD^2=AD^2$，

$\therefore \triangle ACD$ 是直角三角形。

$\therefore$ 四边形 $ABCD$ 的面积为：$\dfrac{1}{2}\times 3\times 4+\dfrac{1}{2}\times 5\times 12=36$。

师生活动： 学生独立完成，教师适时指导，若学生有想法，则由学生先说思路，然后教师追问：你是怎么想到的？对学生思路中的合理成分进行总结；若学生没有思路，教师可引导学生分析：从所要求的结果出发要知道四边形的面积，而四边形被它的一条对角线分成两个三角形，求出两个三角形的面积和即可。

【本环节设计意图】 学生在规范化的解答过程及练习中，提升对勾股定理逆定理的认识以及实际应用的能力。

环节七：课堂小结，新知巩固

（1）你能用画图和列式来解释勾股定理的逆定理吗？

（2）比较互逆命题和互逆定理，它们有什么相似和不同？

（3）请用几个关键词总结你今天学到的内容。

师生活动： 师生共同回顾本节课所学的主要内容。

（1）已知一个三角形的三边长，利用勾股定理的逆定理来判定这个三角形是不是直角三角形。

（2）一个命题一定有逆命题，一个定理不一定有逆定理。

（3）三个数满足勾股数的两个条件：①三个数必须满足较小的两个数的平方和等于最大的一个数的平方；②三个数必须都是正整数。

（4）解题时，注意勾股定理与其逆定理的区别。勾股定理是在直角三角形中运用的，而勾股定理的逆定理是判断一个三角形是不是直角三角形。

【本环节设计意图】 通过小结，梳理本节课所学内容，总结方法，体会思想。

环节八：作业布置

略。

评析：本课时的教学目标是在掌握了勾股定理的基础上，让学生如何从三边的关系来判定一个三角形是否为直角三角形，即"勾股定理的逆定理"。在几何教学中，本节课的教学也是有一定的难度的。为了更好地实现数学教学的价值，有助于学生学习数学能力的提升，本课例进行了一次实践和尝试，教学设计以"自学·议论·引导"教学法为指导，整合康奈尔笔记法和布鲁姆提问法辅助学生学习和老师教学，整体设计力求有助于学生的理解和掌握，提高教师教学能力，让学生通过自学、合作、交流、反思、感悟的过程，激发学生探究新知识的兴趣，感受探索、合作的乐趣，并从中获得成功的体验，真正体现学生是学习的主人。

李庾南老师创建的"自学·议论·引导"教学法曾获得"苏步青数学奖"等许多重要奖项，2014年获基础教育国家级成果奖，形成了具有广泛影响的教学流派。"自学·议论·引导"教学法的核心是帮助学生真正学会学习，自主学习、创造性地学习、享受学习，激发学生的生命活力。"自学·议论·引导"教学法简明具体，可操作性很强，比如仅仅"独立自学""群体议论""相机引导"12个字，基本上就把操作要义说明白了。本课例在设计上以"自学·议论·引导"教学法为核心基础，体现先学后教的理念，"先学"即让学生"独立自学"，问题设计方面为"群体议论"服务，问题的设计考虑"数学抽象、数学建模、逻辑推理、运算能力、直观想象"等核心素养的落实。

总之，要想真正做好以探究活动为主的课堂教学，必须掌握多种教学思想方法和教学技能，不断更新教学观念，立足于创新，在重视基础知识和基本技能的同时，更关注知识的形成过程及应用数学的意识，把教学内容分解为一系列富有探究性的问题，让学生在解决问题的过程中经历知识的发生、发展、形成的过程，把知识的发现权交给学生，在课堂教学中落实好学生的思维参与和行为参与，让他们在获取知识的过程中，体验成功的喜悦，真正体现学生是学习的主人，教师只是学习的参与者、合作者、引导者。教师树立"以学生为本"的教学观，始终牢记学生才是课堂的主体，始终把教师主导和学生主体的作用充分地发挥好，给学生留有充分的探究、讨论的空间，才能把高效优质的课堂教学落到实处，培养学生成为既有创新能力，又能够适应现代社会发展的公民。

附：

17.2　勾股定理的逆定理

班级：_____　姓名：_____

自学目标

☐ 理解原命题、逆命题、逆定理的概念和关系
☐ 掌握勾股定理的逆定理的证明方法
☐ 应用勾股定理的逆定理判定一个三角形是不是直角三角形

翻转助学

观看洋葱数学预习视频【逆命题与逆定理】和【勾股定理的逆定理】并康奈尔笔记整理内容

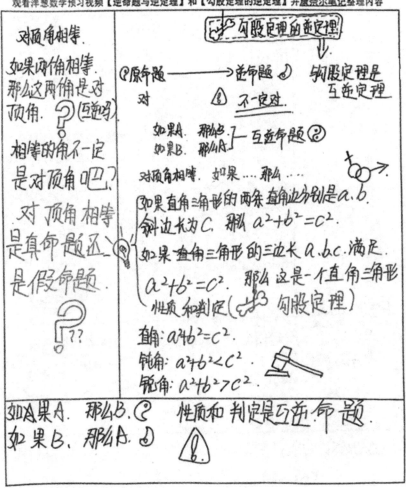

17.2　勾股定理的逆定理

班级：八(2)　姓名：王恩岩

自学目标
- 理解原命题、逆命题、逆定理的概念和关系
- 掌握勾股定理的逆定理的证明方法
- 应用勾股定理的逆定理判定一个三角形是不是直角三角形

翻转助学
观看洋葱数学预习视频【逆命题与逆定理】和【勾股定理的逆定理】并康奈尔笔记整理内容

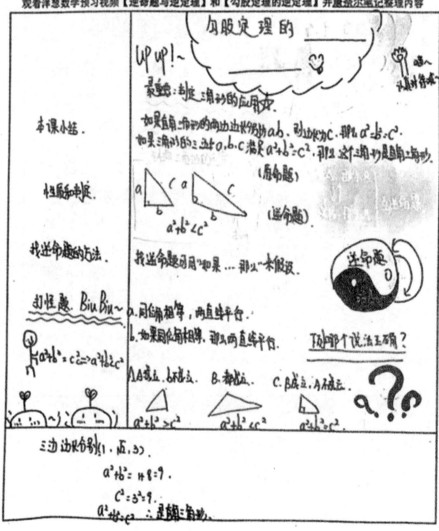

17.2　勾股定理的逆定理

班级：初二(16)　姓名：陈会棵

自学目标
□ 理解原命题、逆命题、逆定理的概念和关系
□ 掌握勾股定理的逆定理的证明方法
□ 应用勾股定理的逆定理判定一个三角形是不是直角三角形

翻转助学
观看洋葱数学预习视频【逆命题与逆定理】和【勾股定理的逆定理】并康奈尔笔记整理内容

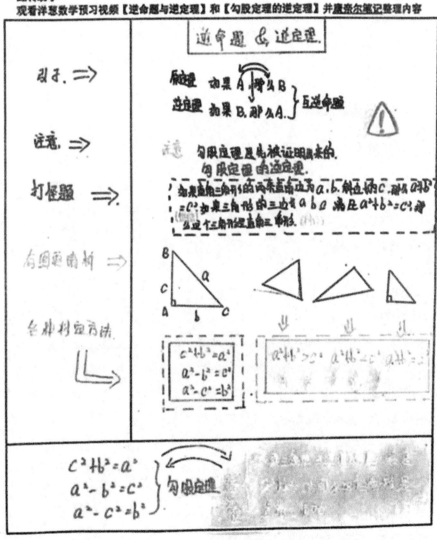

搞好教学设计研究，打造优质高效课堂

——课题研究中的教学实践

一、优秀案例选编

【教学设计案例1】（概念型新课）

普通高中课程标准实验教科书·数学 2（人教 A 版）必修

2.1.1　平面（一）

一、内容及其解析

（一）内容

本章导言，平面概念，公理 1～公理 3。

（二）解析

本节课是关于平面的一节概念和公理课，是高中新课程人教 A 版教材数学必修 2 第二章的第一节课。第一章主要从总体上介绍了空间几何体的结构特征和数量关系，本章计划用 10 个课时从局部上重点介绍点、线、面之间的位置关系，以此进一步建立空间观念，认识空间的位置关系。其中，"空间点、直线、平面"一大节计划用 3 课时，具体分配如下：平面（含章导言）1 课时，空间中直线与直线之间的位置关系 1 课时，空间中直线与平面之间的位置关系以及平面与平面之间的位置关系 1 课时。

1. 本章导言在本节课起到了对第一、第二章内容承上启下的作用，特别对学习空间位置关系具有总体的引导作用。

2. 教科书给出的是平面的描述性概念，其核心是直观上呈平面形，并可以向周围无限延展，理解它的关键就是要认识"无限延展"，并会画它和表示它。

在此之前，同学们对平面已经有了初步的认识，本节课就是在此基础上进一步地明确认识。由于平面不仅是本节课三个公理的基础，更是本章认识空间位置关系的概念基础，所以是本章的一个重要概念，可以作为本节课教学的一个重点，教学解决该重点的关键除了引导同学专门对概念加以认识，还要注意在学习中进一步使用和认识公理。

3. 本节课要学的三个公理都是与平面有关的，其核心是平面本质属性的反映，理解它关键就是要在平面概念的基础上，利用直观感知和操作确认的方法。在此之前，学生对三个公理所反映的直观现象已经有过接触，本节课的教学就是在此基础上进一步地发展。由于它们是几何推理的基本依据和进一步研究空间图形的基础，公理 2 还是整个立体几何公理体系的根基，在几何学科中有着举足轻重的地位，发挥着最为基础性的作用，不仅是本章还是整个立体几何的核心内容。所以，三个公理也是本节课教学的重点内容，特别是公理 2 更是重点中的重点，教学解决重点的关键是，教会学生用文字语言、图形语言和符号语言这三种语言对公理进行描述。

二、目标及其解析

（一）目标

1. 了解平面的概念。

2. 了解三个公理：公理 1：如果一条直线上的两点在一个平面内，那么这条直线在此平面内；公理 2：过不在一条直线上的三点，有且只有一个平面；公理 3：如果两个不重合的平面有一个公共点，那么它们有且只有一条过该点的公共直线。

3. 通过建立平面概念和认识与平面有关的三个公理，进一步建立空间观念。

（二）解析

1.《标准（2011 年版）》没有明确提出平面概念的具体教学内容和要求，但根据本模块、本章和本节的内容要求，结合教科书当前和后续内容的实际，基于对相关内容的分析，提出了上述对平面概念的教学目标内容并给出了相应的目标定位。其中，"了解平面的概念"在本节课是指能从具体物体中抽象出平面，知道平面是无限延伸的，并会画它和用符号表示它。

2. "了解公理"在本节课主要是指知道三个公理的含义，并会用文字、图形和符号叙述公理。

3. "建立空间观念"在本节课主要是指认识空间中的平面，能分清点与平面、直线与平面的基本关系，以及两个平面相交的位置关系。

三、问题诊断分析

1. 在本节课的教学中，学生可能遇到的第一个困难就是用符号表示点、直线、平面之间的位置关系，产生这一困难的原因是在此之前他们缺乏对点、直线和平面集合关系的认识，并且第一次遇到用集合语言来集中地表示点、直线、平面之间的位置关系。要解决这一困难，教学就要突出集合语言的使用，其中关键是让同学了解点是构成直线和平面的元素，直线和平面都是点的集合。

2. 在本节课的教学中，学生可能遇到的第二个困难就是对公理的了解，产生这一困难的原因是，公理不能证明，对公理的认识只能基于过去的经验，这就要求学生有较强的抽象能力和空间想象能力。要解决这一困难，就要通过直观感知和操作确认来帮助他们克服抽象能力与空间想象能力的不足，其中关键是把握对公理认识的度，毕竟一节课只能让同学有一个初步的认识，重要的是在后续的教学中通过不断地应用公理来逐步加强认识。

四、教学支持条件分析

在本节课的教学中，准备利用实物和信息技术工具演示空间中点、直线、平面之间的位置关系。因为将实物和信息技术工具结合使用，能很好地突出几何直观，有利于学生直观感知和操作确认，促进对概念和公理的认识。

五、教学过程设计

（一）教学基本流程

教学基本流程如图 1 所示。

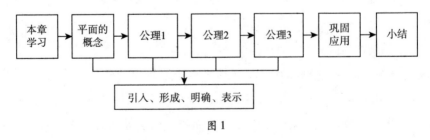

图1

（二）教学情境

1. 本章学习引导

问题1：构成长方体的基本要素有哪些？它们之间有哪些位置关系？

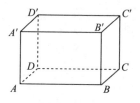

图 2

设计意图：利用长方体，通过复习几何体的结构特征，并揭示本章的学习内容，让学生对本章的学习有一个总体的认识。

师生活动：学生对长方体的几何特征应该很清楚，但要系统地说出其中的位置关系可能会有困难，教师可在学生回答的基础上进行归类。

（1）点与直线、平面的位置关系；

（2）直线与直线、平面的位置关系；

（3）平面与平面的位置关系。

这就是本章要学习的内容。但要学习这些内容，首先要对点、直线、平面有所认识。在此之前，大家已经对点和直线有了很好的认识，这里我们还需要对平面有进一步的认识。

2. 平面的概念

问题 2：

（1）在生活中，我们常常说黑板、桌面等是平面，这些生活中的平面与几何中的"平面"一样吗？

（2）我们已经学过点、直线、正方形、长方形、平行四边形等一些平面图形的画法和表示，那么应该如何画一个平面？又应该怎样表示呢？

设计意图：从生活中的物体抽象出平面的概念，并通过类比点、直线、正方形、长方形、平行四边形等一些平面图形的画法和表示，得到平面的画法和表示。

师生活动：在学生对平面认识的基础上，教师给出平面呈平面形且是无限延展的特征。在平面的画法和表示上，教师可学生同学完成下表。

	点	直线	平面
画法	○ A	○———○	 D　　　　C $α$ A　　　　B
表示	点 A	直线 AB 或直线 l	平面 $α$，平面 $ABCD$ 或 平面 AC 或平面 BD

问题3：我们知道，直线由点构成，点和直线有两种位置关系：点在直线上和点在直线外，在上述长方体中，可表示为 $A∈AB$ 和 $A'∈AB$。类似地，你认为平面由什么几何要素构成？它们与平面有怎样的位置关系，如何表示？

设计意图：给出点与直线的位置关系及其表示，然后通过类比认识点、直线与平面的位置关系及其表示。

师生活动：教师可利用下表画出点与直线的位置关系并加以表示，然后引导学生完成表中其他部分。

	点与直线		点与平面		直线与平面	
	点在直线上	点在直线外				
画法	———○———l A	○ ———————l A				
表示	$A∈l$	$A∈l$				

3. 公理1

问题4：

（1）下列图形有何不同（图3）？

图3

设计意图：让学生直观感知公理1。

师生活动：在学生不能从公共点数上分析时，可进一步引导学生思考如下问题。

各个图形中，直线与平面的公共点数如何？

（2）要将一根直尺的整个边缘落在桌面上，只需让直尺边缘上的几个点落在桌面上？

设计意图：让学生通过操作确认公理1。

师生活动：在学生回答有困难时，教师可换一种方式问学生：

如果只让一个点落在桌面上，直尺的整个边缘会落在桌面上吗？那么至少需要几个点落在桌面上？

（3）如何判断一条直线是否在一个平面内？

设计意图：引导学生在上述感知和操作的基础上，通过抽象概括归纳公理1。

师生活动：教师可做如下引导。

（1）要判断一条直线是否在一个平面内，只需看直线上的几个点是否在平面内。

（2）给出公理1的三种叙述：文字、图形和符号，并指出公理1的作用。

（3）强调公理不需要证明，可以直接使用。

4. 公理2

问题5：观察实验，三脚架为何能平稳地放在桌面上？

设计意图：让学生直观感知公理2。

师生活动：可引导学生观察比较三脚架的三个点在一条直线上的情况。

在此基础上，教师给出公理2及其三种表示。

变式问题：

（1）如图4所示，过点A和点B可以作直线AB，由此你对公理2又有何新的认识？

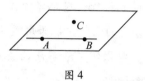

图4

（2）如图5所示，过点A和点C还可以作直线AC，由此你对公理2又有何新的认识？

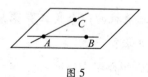

图5

（3）如图 6 所示，如果过点 C 作直线 AB 的平行线 l，由此你对公理 2 又有何新的认识？

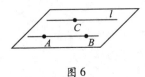

图 6

设计意图：通过对公理 2 的变式，让学生得到公理 2 的三个性质。

师生活动：教师给出公理 2 两个性质的三种表示，并指出公理 2 的作用。

练习 1：

（1）空间不共面的四个点可以确定几个平面？

（2）空间共点的三条直线可以确定几个平面？

通过对具体问题的解决，从学生的最近发展区入手，再对问题进行拓展延伸，增强了学生探求新知识的欲望。设计问题 1 和问题 2 的目的是帮助学生进一步理解平面的概念，发展空间观念。两道练习题都能充分发挥学生想象力，让学生提出问题、自主探究，学生在活动中去观察、探索、归纳知识，沿着知识发生、发展的脉络，经过亲身的实践活动，形成自己的经验，产生对结论的感知，实现对知识意义的主动构建。让学生亲自尝试，接受问题的挑战，充分展示自己的观点和见解，给学生创设一个宽松愉快的学习氛围，让学生体验成功的快乐，从中激发学生的学习兴趣，使整个课堂"活"起来，提高课堂效率，为终身学习和发展打下坚实的基础。

为了对学生的学习更有效地指导，教师在本案例的教学中要关注以下几个问题。

（1）学生参与数学活动的积极性，观察学生是否都能自主探索和与学习小组成员合作交流，深刻理解分类的思想，能否触类旁通；

（2）学生思维的严密性，鼓励学生从不同的角度提出问题，并能探究解决问题的方法，思考问题要全面科学；

（3）在抛出问题（2）后，教师要多与学生交流，多给学生一些指导。

5. 公理 3

问题 6：观察实验，把三角板的一个角立在课桌面上，三角板所在平面与桌面是否只相交于一点？为什么？

设计意图：让同学直观感知公理 3。

师生活动：教师可做下列引导。

（1）三角板所在平面是否只是三角板这个三角形？

（2）三角板这个三角形向周围延展会怎样？

（3）给出三角板的延展图。

在此基础上，教师给出公理 3 及其三种表示，并指出公理 3 的作用。

6. 概念和公理的巩固与应用

例　如图 7、图 8 所示，用符号表示下列点、直线、平面之间的位置关系。

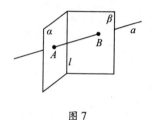

图 7　　　　　　　　　　　　　　　　图 8

（1）在图 7 中，平面 α 和平面 β 的位置关系可表示为_____，直线 a 和平面 α 的位置关系可表示为_____，直线 a 和平面 β 的位置关系可表示为_____；

（2）在图 8 中，平面 α 和平面 β 的位置关系可表示为_____，直线 a 和平面 α 的位置关系可表示为_____，直线 b 和平面 β 的位置关系可表示为_____，直线 a 和直线 l 的位置关系可表示为_____，直线 b 和直线 l 的位置关系可表示为_____。

设计意图：通过表示空间位置关系，推进学生对平面概念和公理的认识。

师生活动：可有序地引导同学完成下列任务。

（1）认真观察图形；

（2）根据图形，判断题目所给点、直线、平面的位置关系；

（3）在确定了位置关系后，再考虑用恰当的集合语言表示。

7. 目标检测

（1）下列命题正确的是（　　　）

A. 经过三点确定一个平面

B. 经过一条直线和一个点确定一个平面

C. 经过平面内一点的直线必在此平面内

D. 两两相交且不共点的三条直线确定一个平面

设计意图：检测学生对公理1、公理2和平面概念的了解情况。

（2）用符号表示下列语句，并画出相应的图形。

平面α内的直线a经过点A，平面β内的直线b也经过点A，直线c既在平面α内，又在平面β内。

设计意图：检测学生对公理3和平面概念的了解情况。

师生活动：如果在教学中对学生的过程性评价还难以全面了解达成教学目标的情况，则需要进行目标检测。由于这是对学生达成教学目标的情况的一次终结性评价，而非练习，所以可先让学生在规定的时间内完成，然后通过举手的形式了解正确率即可，若有时间教师再分析讲解。

8. 小结（图9）

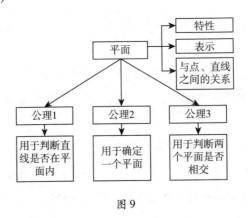

图9

9. 作业

P.43 练习3，4. P.51 习题2.1 A组 第1题，第2题。

思考题：P.53 习题2.1 B组 第2题。

【**教学设计案例2**】（拓展型新课）

普通高中课程标准实验教科书·数学4（人教A版）必修

利用三角函数线比较同一个角的不同三角函数值的大小

——认识三角函数中的"楚河汉界"现象

一、教学内容解析

这是一堂利用三角函数线比较同一个角的不同三角函数值大小的拓展型新课。

　　人教 A 版必修四第二节"任意角的三角函数"中给出单位圆中的三角函数线，目的是帮助学生从图形角度认识三角函数，三角函数线的概念及其应用体现了数形结合的数学思想。考虑到三角函数的性质都可以由三角函数线直观地得到，理解单位圆中的三角函数线相关知识是学好三角函数的关键，三角函数线是三角函数的几何表示，它不仅是讨论三角函数性质的一个重要工具，也是绘制正弦曲线、正切曲线的基础，因此，在学习了任意角和弧度制、任意角的三角函数后，很有必要增加一节三角函数线应用的新课，有目的地引导学生进行一些三角函数性质的探究，从而让学生掌握三角函数线这一重要的研究三角函数的工具，为后续的学习打好基础。

　　在三角函数的学习中，同角而不同名的三角函数值比较的问题是学生学习的一大难点，本节课正是在学习了三角函数线（正弦线、余弦线、正切线）的基础上，进一步利用三角函数线比较同一个角的不同三角函数值大小的问题，一方面让学生进一步掌握利用三角函数线解决实际问题的方法；另一方面在探究学习过程中引导学生发现三角函数中有趣的"楚河汉界"现象，可以激发学生学习数学的兴趣和求知欲。

　　用有向线段表示三角函数值，可实现数与形的完美结合。今后，我们将利用三角函数线通过数形结合的思想方法巧妙求解三角方程和三角不等式，使得对三角函数的研究大为简化；在后继的学习中，我们还会用三角函数线探究同角三角函数的平方关系式，利用三角函数线推导三角函数的诱导公式。由此可见，学好三角函数线是学习三角函数图像的基石，它在本章的地位是极其重要的，它在培养学生数形结合的能力上有着巨大的潜在作用。

　　二、教学目标解析

　　1. 结合实际问题，让学生进一步学会用三角函数线比较同一个角的不同三角函数值的大小，能利用三角函数线解决一些简单的三角函数问题，并在此过程中进一步体会数形结合的思想。

　　2. 借助几何画板让学生经历知识的形成过程，提高学生观察、发现、类比、猜想和实验探索的能力；开展研究性学习，让学生借助所学知识自己去发现新问题，并加以解决，提高学生抽象概括、分析归纳、数学表述等基本数学思维能力。

　　3. 通过本堂课的教学，为后续再次利用三角函数线探讨三角函数其他性质打好基础，同时激发学生对数学研究的热情，培养学生勇于发现、勇于探索、勇于创新的精神；通过学生之间、师生之间的交流合作，实现共同探究、教学相长的教学情境目标。

三、教学问题诊断分析

1. 在本节课的教学中，虽然学生已经具备了三角函数线的基本知识，但要利用三角函数线来比较三角函数值的大小，特别是比较同一个角的正切值和余切值时，学生会遇到困难，要解决这一困难，关键是准确理解三角函数线的概念，注意从三角函数线的方向可以看出三角函数值的正负，其长度是三角函数值的绝对值，并利用几何画板加强几何直观。

2. 在本节课的教学中，学生可能遇到的第二个困难就是对探求结论的归纳和总结，产生这一困难的原因是高一的学生在抽象能力和概括能力方面有待提高。要解决这一困难，就要通过直观感知和操作确认来帮助他们克服抽象能力与想象能力的不足，其关键是要对三角函数线有一个"数"与"形"结合的初步认识，重要的是在后续的教学中通过不断地应用来逐步加强认识。

四、教学支持条件分析

学习本课时，首先通过设置问题情境，充分使信息技术与数学课程进行整合，更好地突出几何直观，让学生通过类比联想，主动探索同一个角的不同三角函数值的大小关系，寻找规律，从中激发学生的学习兴趣；教学中教师可利用几何画板软件做出动态的同一个角的三种三角函数线，让学生观察三角函数线的变化情况，培养学生自主探究的能力；在探究学习的过程中，注意及时纠错，引导学生正确利用三角函数线解决实际问题；在上节课借助三角函数线求解三角方程和不等式的基础上，进一步发挥三角函数线"以形解数"的巨大作用，进一步培养学生数形结合的能力；本堂课沿着"设置问题、探索辨析、归纳应用、延伸拓展"这条主线进行教学，学生通过利用几何画板合作探究、拓展思维、大胆猜想，营造一个开放的数学学习环境。

五、教学过程设计

（一）教学基本流程

教学基本流程如图 10 所示。

图 10

（二）教学情境

1. 三角函数线概念的复习

问题 1：在下列给出的各个象限的三角函数线的图中（图 11），说出 $\overrightarrow{MP}$、$\overrightarrow{OM}$、$\overrightarrow{AT}$ 分别代表的是哪种三角函数的三角函数线，它们的正负性又如何？

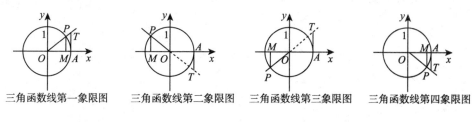

三角函数线第一象限图　　三角函数线第二象限图　　三角函数线第三象限图　　三角函数线第四象限图

图 11

设计意图：通过问题的设置，有利于了解学生对三角函数线的概念是否准确理解，为本堂课教学做好铺垫。

师生活动：教师先提问学生，然后针对学生暴露出来的问题进行引导。力求让每个学生都能正确理解三角函数的几何表示。

2. 利用三角函数线比较同一个角的正弦值和余弦值的大小

问题 2：利用三角函数线探究，分别使下列式子"$\sin\alpha > \cos\alpha$""$\sin\alpha < \cos\alpha$"和"$\sin\alpha = \cos\alpha$"成立的角 α 的取值范围。

设计意图：通过问题的提出，让学生利用三角函数线这一工具，再利用几何画板进行动态和静态的演示，进而引发学生思考，初步学会应用三角函数线解决实际问题。在论证发现的结论时，可引导学生观察：正弦线和余弦线在同一个直角三角形中，再利用"三角形中，大角对大边"的性质即可论证。

师生活动：小组讨论，合作交流，让学生思考后，各小组代表先谈，然后教师进行归纳。

引导学生发现：（图 12）

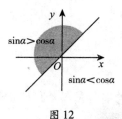

$\sin\alpha > \cos\alpha$

$\sin\alpha < \cos\alpha$

图 12

$\sin\alpha > \cos\alpha$ 成立的取值范围是：$\left(2k\pi + \dfrac{\pi}{4},\ 2k\pi + \dfrac{5}{4}\pi\right)$，$k \in Z$；

$\sin\alpha < \cos\alpha$ 成立的取值范围是：$\left(2k\pi + \dfrac{5}{4}\pi,\ 2k\pi + \dfrac{9}{4}\pi\right)$，$k \in Z$；

$\sin\alpha = \cos\alpha$ 成立的条件是：$\alpha = 2k\pi + \dfrac{\pi}{4}$，或 $\alpha = 2k\pi + \dfrac{5\pi}{4}$，即 $\alpha = k\pi + \dfrac{\pi}{4}$，其中 $k \in Z$。

师生共同总结：它们在第一、三象限角平分线的两旁"分疆而治"，当且仅当角的终边落在这条直线上时取"="。

应用：例 1

（1）已知点 $P\ (\sin\alpha - \cos\alpha,\ \tan\alpha)$ 在第一象限，则在 $[0,\ 2\pi]$ 内 α 的取值范围是（　　）

A. $\left(\dfrac{\pi}{2},\ \dfrac{3\pi}{4}\right) \cup \left(\pi,\ \dfrac{5\pi}{4}\right)$　　　　　　B. $\left(\dfrac{\pi}{4},\ \dfrac{\pi}{2}\right) \cup \left(\pi,\ \dfrac{5\pi}{4}\right)$

C. $\left(\dfrac{\pi}{2},\ \dfrac{3\pi}{4}\right) \cup \left(\dfrac{5\pi}{4},\ \dfrac{3\pi}{2}\right)$　　　　D. $\left(\dfrac{\pi}{4},\ \dfrac{\pi}{2}\right) \cup \left(\dfrac{3\pi}{4},\ \pi\right)$

（2）已知 $\alpha\ (0 < \alpha < 2\pi)$ 的正弦线与余弦线相等，且符号相同，那么 α 的值为（　　）

A. $\dfrac{\pi}{4}$ 或 $\dfrac{3}{4}\pi$　　　　　　　　B. $\dfrac{5\pi}{4}$ 或 $\dfrac{7}{4}\pi$

C. $\dfrac{\pi}{4}$ 或 $\dfrac{5}{4}\pi$　　　　　　　　D. $\dfrac{\pi}{4}$ 或 $\dfrac{7}{4}\pi$

简析：结合上面的结论，第（1）问选择 B；第（2）问选择 C。

设计意图：检测学生对发现的结论能否正确运用，能否掌握利用三角函数线来比较同一个角的不同三角函数值的方法。

3. 拓展和运用

问题 3：

变式一：利用三角函数线探究，分别使下列式子"｜$\sin\alpha$｜＞｜$\cos\alpha$｜""｜$\sin\alpha$｜＜｜$\cos\alpha$｜"和"｜$\sin\alpha$｜＝｜$\cos\alpha$｜"成立的角 α 的取值范围。

引导学生发现：（图 13）

｜$\sin\alpha$｜＞｜$\cos\alpha$｜成立的取值范围是：$\left(k\pi + \dfrac{\pi}{4},\ k\pi + \dfrac{3}{4}\pi\right)$，$k \in Z$；

｜$\sin\alpha$｜＜｜$\cos\alpha$｜成立的取值范围是：$\left(k\pi + \dfrac{5}{4}\pi,\ 2k\pi + \dfrac{7}{4}\pi\right)$，$k \in Z$；

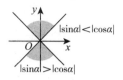

图 13

$|\sin\alpha| = |\cos\alpha|$ 成立的条件是：$\alpha = k\pi + \dfrac{\pi}{4}$，或 $\alpha = k\pi + \dfrac{3\pi}{4}$，即 $\alpha = \dfrac{k}{2}\pi + \dfrac{\pi}{4}$，其中 $k \in \mathbf{Z}$。

让学生类比总结：它们在第一、三象限角平分线和第二、四象限角平分线这两条直线形成的对顶区域内"分疆而治"，当且仅当角的终边落在这两条直线上时取"="。

应用：例 2　若 $|\cos\alpha| < |\sin\alpha|$，则 $\alpha \in$ _____。

简析：结合上面的结论，α 的取值范围是：$\left(k\pi + \dfrac{\pi}{4},\ k\pi + \dfrac{3}{4}\pi \right)$，$k \in \mathbf{Z}$。

变式二：利用三角函数线探究，分别使下列式子"$\sin\alpha + \cos\alpha > 0$""$\sin\alpha + \cos\alpha < 0$"和"$\sin\alpha + \cos\alpha = 0$"成立的角 α 的取值范围。

引导学生发现：（图 14）

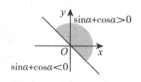

图 14

$\sin\alpha + \cos\alpha > 0$ 成立的取值范围是：$\left(2k\pi - \dfrac{\pi}{4},\ 2k\pi + \dfrac{3}{4}\pi \right)$，$k \in \mathbf{Z}$；

$\sin\alpha + \cos\alpha < 0$ 成立的取值范围是：$\left(2k\pi + \dfrac{3}{4}\pi,\ 2k\pi + \dfrac{7}{4}\pi \right)$，$k \in \mathbf{Z}$；

$\sin\alpha + \cos\alpha = 0$ 成立的条件是：$\alpha = 2k\pi + \dfrac{3\pi}{4}$，或 $\alpha = 2k\pi + \dfrac{7\pi}{4}$，即 $\alpha = k\pi + \dfrac{3\pi}{4}$，其中 $k \in \mathbf{Z}$。

让学生类比总结：它们在第二、四象限角平分线的两旁"分疆而治"，当且仅当角的终边落在这两条直线上时取"="。

应用：例3　若A是$\triangle ABC$的内角，且满足$\sin A + \cos A < 0$，则$A \in \underline{\hspace{2cm}}$。

解析：结合上面的结论，角A的取值范围是：$\left(\dfrac{3\pi}{4}, \pi\right)$。

设计意图：问题3设计了两个变式探究，目的是在问题2的基础上，引导学生动手实验，先在单位圆中充分实验、观察，再通过类比、联想，产生知识迁移，达到知识的延展。从而培养学生的观察、猜想、类比能力，以及数形结合的意识和整合的思维能力。在每个变式探究的基础上分别给出一个例题，对学生掌握知识的情况进行诊断分析，以便及时调整教学策略。

4. 小结

今天你有哪些收获？

（1）知识与技能方面

（2）思想与方法方面

设计意图：为了使学生对所学知识有一个完整而深刻的认识，让学生畅所欲言，谈收获、谈体会，让学生自己发现在学习中学会了什么以及还存在哪些问题，这样有利于学生养成学习后及时反思的习惯。

师生活动：先由学生思考回答，教师再补充完善，并点明三角函数线是利用数形结合思想解决有关问题的重要工具，三角函数与三角函数线的对应关系，使得对三角函数的研究大为简化，也是学生今后探究三角函数的图像与性质的基础。

5. 作业

必做题：A组

（1）设$0 \leqslant x \leqslant 2\pi$，且$|\cos x - \sin x| = \sin x - \cos x$，则（　　　）

A. $0 \leqslant x \leqslant \pi$　　B. $\dfrac{\pi}{4} \leqslant x \leqslant \dfrac{7\pi}{4}$　　C. $\dfrac{\pi}{4} \leqslant x \leqslant \dfrac{5\pi}{4}$　　D. $\dfrac{\pi}{2} \leqslant x \leqslant \dfrac{3\pi}{2}$

（2）已知$x \in (0, 2\pi)$，使$\sin x > |\cos x|$的x的取值范围是（　　　）

A. $\left(\dfrac{\pi}{4}, \dfrac{3\pi}{4}\right)$　　　　　　　　B. $\left(\dfrac{\pi}{4}, \dfrac{\pi}{2}\right) \cup \left(\dfrac{5\pi}{4}, \dfrac{3\pi}{2}\right)$

C. $\left(\dfrac{\pi}{4}, \dfrac{\pi}{2}\right)$　　　　　　　　D. $\left(\dfrac{5\pi}{4}, \dfrac{7\pi}{4}\right)$

（3）若$\sin\alpha > \tan\alpha > \cot\alpha \left(-\dfrac{\pi}{2} < \alpha < \dfrac{\pi}{2}\right)$，则$\alpha \in$（　　　）

A. $\left(-\dfrac{\pi}{2}, -\dfrac{\pi}{4}\right)$　　　　　　　　B. $\left(-\dfrac{\pi}{2}, -\dfrac{\pi}{4}\right)$

C. $\left(0,\ \dfrac{\pi}{4}\right)$ 　　　　　　D. $\left(\dfrac{\pi}{4},\ \dfrac{\pi}{2}\right)$

选做题：B 组

探究：利用三角函数线及正余切的倒数关系探究分别使下列式子"$\tan\alpha >$ $\cot\alpha$""$\tan\alpha < \cot\alpha$"和"$\tan\alpha = \cot\alpha$"成立的角 α 的取值范围。

应用：练习。若 $\alpha \in \left(\pi,\ \dfrac{3}{2}\pi\right)$，且 $\tan^2\alpha > \cot^2\alpha$，则 $\alpha \in$（　　　）

A. $\left(\dfrac{5}{4}\pi,\ \dfrac{3}{2}\pi\right)$ 　　　　　B. $\left(\pi,\ \dfrac{5}{4}\pi\right)$

C. $\left(\pi,\ \dfrac{3}{2}\pi\right)$ 　　　　　　D. 不能确定

参考解答：

首选考虑角 α 的终边不能落在 x 轴和 y 轴上。

容易发现：（图 15）

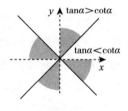

图 15

$\tan\alpha > \cot\alpha$ 成立的取值范围是：$\left(\dfrac{k}{2}\pi + \dfrac{\pi}{4},\ \dfrac{k}{2}\pi + \dfrac{1}{2}\pi\right)$，$k \in Z$；

$\tan\alpha < \cot\alpha$ 成立的取值范围是：$\left(\dfrac{k}{2}\pi,\ \dfrac{k}{2}\pi + \dfrac{1}{4}\pi\right)$，$k \in Z$；

$\tan\alpha = \cot\alpha$ 成立的条件是：$\alpha = k\pi + \dfrac{\pi}{4}$，或 $\alpha = k\pi + \dfrac{3\pi}{4}$，即 $\alpha = \dfrac{k}{2}\pi + \dfrac{\pi}{4}$，其中 $k \in Z$。

总结：它们在第一、三象限和第二、四象限角平分线及 x 轴、y 轴四条直线上分成的八个区域，沿 x 轴正半轴开始，按逆时针方向依次以"余切大于正切，正切大于余切"交潜"分疆而治"，当且仅当角的终边落在第一、三象限和第二、四象限的角平分线上时取"＝"。

练习简析：结合上面的结论，选择 A。

作业设计意图：课后作业分为必做题和选做题，必做题比较简单，要求全

做；选做题较难，要求学有余力的学生完成。作业体现分层教学、因材施教原则，目的是进一步提高学生解决问题的能力，培养学生学数学、用数学的意识，特别是设计了类似课堂上探究的一个问题，既保证全体学生的巩固应用，又兼顾学有余力的学生，同时将探究的空间由课堂延伸到课外。

6. 教学后记

三角函数线有时比图像能更好地解决问题，而且三角函数的很多性质在单位圆中的三角函数线更能直观地体现出来，让学生感受数与形的关系，体会三角函数线在研究问题中的价值。因此，教师在教学中应充分借助三角函数线这一工具，为后续的高效教学做好铺垫。在本节课的教学设计中，注重对数学学习兴趣的培养，通过学生动手实践、观察分析、猜想论证，引导学生完成了从感性认识到理性认识的认知，最后运用所学知识解决问题，凸显应用意识和创新意识。在教学过程中，强调学生形成积极主动的学习态度，关注学生的学习兴趣和体验，充分体现"数学教学是数学活动的教学"这一教育思想。这节课容量较大，使用多媒体辅助教学，几何画板动画演示功能正好可以帮助学生做数学试验，探讨数学问题。这样充分发挥多媒体的优势，既丰富了三角函数线的概念，又培养了学生发现问题、解决问题的能力，探索精神、创新意识也有了相应的提高。

（注：本案例的课例发表在《中国数学教育》2012 年 4 月，高中版）

【教学设计案例 3】（复习型新课）

"一次函数"复习教学设计

在初中学业水平考试复习课设计上，很多教师的教学方式是先将知识进行复习，然后就是例题讲解、巩固练习，最后是总结、布置作业。甚至有一些老师是拿着一本教辅就走上讲台，按照教辅的内容进行讲练，依赖教辅，被教辅牵着走，受制于教辅，受教辅所累。这些现状的复习课教学方式普遍存在，教师上课失去主线，导致教师课堂上随意性大，什么都讲，复习课变成了习题讲解课，复习的大部分内容对学生来说没有"营养"，这是造成学生不喜欢学习数学、教师教学效果不理想、复习效率低下的主要原因。我们经常听到老师说：

"这些学生真够笨的，某道考题在课堂上都不知讲过多少遍了，学生就是答不出来。"殊不知，对学生的学习来说，绝大多数的情况是"听过了，就忘记了；做过了，就记住了；体验了，就理解了"。因此，初中学业水平考试复习课应该是始终从问题出发，让学生自主复习，查缺补漏，合作交流，完善结构，分享点评，达成共识，当堂检测，及时反馈。这种教学方式让学生始终处于主动积极的学习状态，教师不断给学生自我挑战的机会，充分提高学生学习数学的兴趣，尽量让学生在体验中去复习回顾知识，主动构建知识网络体系，提升数学学科的核心素养。

下面以"一次函数"复习教学设计进行说明。

教学内容：

本堂课是对本章关于一次函数重点内容的复习。

学情诊断分析：

1. 在这堂课中，学生可能遇到的第一个问题是一次函数性质的应用，特别是一次函数 $y = kx + b$（$k \neq 0$）中，系数 k、b 的特征在函数图像中的体现以及一次函数与方程（组）、不等式的关系这些性质，解决这一问题教师主要借助数形结合的思想进行探究，并让学生理解数形结合思想的真正意义。

2. 这堂课学生可能遇到的第二个问题是一次函数图像的性质的推理论证以及数形结合思想的形成。要解决这一问题，整堂课都以数形结合的思想方法为主线——展开讨论和探究，最后应用思想方法的教学流程，为学生搭建一个台阶，更好地解决这个难点。

3. 这堂课学生可能遇到的第三个问题是对数形结合思想方法的应用，特别是在问题中从数的角度不能获取解题信息，但是从形的角度能直观求解的这一类题型的应用；所以在设计练习时，注重数形结合与生活实际的联系，提高学生数学学习的兴趣，让学生主动运用数学知识解决实际问题，并通过练习渗透分类讨论、数形结合和方程的数学思想方法，让学生形成自我的数学思维和能力，发展学生应用数学的意识。

易错点分析：

1. 因概念模糊不清造成错误；

2. 忽视自变量的取值范围而出错，或对自变量或函数代表的实际意义理解不准确而造成错误；

3. 忽视正比例函数是特殊的一次函数而出错；

4. 数系扩充到有理数（增加了负数）后对正比例函数的概念不能进行有效的顺应与正迁移，不能很好地区分正比例与正比例函数造成错误；

5. 忽视一次函数的性质而造成错误；

6. 对分段函数理解不透彻造成错误；

7. 对问题中的语句描述过长或过于精练导致学生不理解而出错，特别是解决一次函数的应用题时不会审题、审错题造成错误。

一次函数地位及考查情况：

一次函数是初中数学的核心内容，也是重要的基础知识，同样包含数形结合的数学思想方法；不仅与高中数学知识有着密切的联系，而且在解决生活中的实际问题时有极为广泛的应用，是联系数学知识与实际问题之间的桥梁和纽带，是初中学业水平考试数学试卷中不可缺少的重要内容。根据课程标准和云南省数学学业水平考试说明，结合学情分析、易错点分析、考查统计情况，制定以下教学目标、重点和难点。

教学目标

1. 了解正比例函数与一次函数的意义，认识求一次函数解析式的方法待定系数法；

2. 经历探究一次函数图像的性质的过程，理解一次函数图像的性质；

3. 掌握数形结合的思想方法，能运用数形结合的思想方法解决生活中简单的实际问题。

教学重点

一次函数图像的性质及数形结合思想方法的应用。

教学难点

在理解掌握的基础上利用数形结合的思想分析、解决问题。

教学过程设计

一、复习探究

例1（由2017年浙江省衢州中考题改编）小明一家在国庆节期间租用共享汽车自驾出游，设租车时间为 x 小时，租用甲公司的车所需费用为 y_1 元，租用乙公司的车所需费用为 y_2 元（图16）。

甲公司：无固定租金，直接以租车时间计费，每小时的租金是30元

乙公司：按日收取固定租金80元，另外再按出租车时间计费

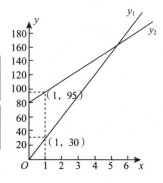

图 16

活动一：自主复习，板书展演

分别求出 y_1、y_2 关于 x 的函数关系式；

解：设 $y_1 = k_1 x + 80$（$k_1 \neq 0$），

把点（1，95）代入，可得 $95 = k_1 + 80$，解得 $k_1 = 15$，

∴ $y_1 = 15x + 80$（$x \geq 0$）；

设 $y_2 = k_2 x$（$k_2 \neq 0$），

把（1，30）代入，可得 $30 = k_2$，即 $k_2 = 30$，

∴ $y_2 = 30x$（$x \geq 0$）。

问题：

（1）$y_1 = 30x$ 是什么函数？正比例函数是一次函数吗？

（2）$y_2 = 15x + 80$ 是什么函数？一次函数是正比例函数吗？请说明理由。

（3）求一次函数解析式的方法叫什么？

设计意图：本例题是根据中考试题改编，创设的情境结合出行时尚的共享汽车，目的是唤起学生的好奇，激发学生的兴趣和探究欲望，教师指导学生求出函数的解析式后，再对正比例函数、一次函数、正比例函数和一次函数的区别与联系、待定系数法进行复习，这样的方式更符合学生的认识规律，让学生在探究过程中获得成功的体验的同时，培养了学生自主探究学习的能力，培养了学生数学抽象、逻辑推理、数学建模和数学运算的素养。

二、概念回顾

（1）正比例函数：一般地，形如 _____（k 是常数，_____）的函数，叫作正比例函数，其中 k 叫作比例系数。

（2）一次函数：一般地，形如_____（k，b是常数，_____）的函数，叫作一次函数。

（3）当_____时，$y = kx + b$即为$y = kx$，所以正比例函数是特殊的一次函数。

（4）求一次函数解析式的方法是_____。

设计意图：通过概念回顾的填空，让模糊的知识变得清晰准确，进一步加深学生对正比例函数和一次函数定义的掌握与理解。

三、巩固训练

1. 判断题

（1）函数$y = -\dfrac{3}{x}$是正比例函数。（　　　）

（2）函数$y = -3x$既是正比例函数又是一次函数。（　　　）

（3）函数$y = \dfrac{x}{3} + 1$是一次函数。（　　　）

2. 若函数$y = (m-1)x^{|m|} + 2$是一次函数，则m的值为（　　　）

A. $m = \pm 1$　　　　B. $m = -1$　　　　C. $m = 1$　　　　D. $m \neq -1$

设计意图：两道练习题的设置为一次函数相关知识点的延伸做了强有力的保证，通过练习进一步落实学生对正比例函数和一次函数深入理解，培养学生数学抽象的素养。

四、深入探究

例2（自编）例1中如何求交点A的坐标，并说明点A的实际意义。

解：从数的角度求解（图17）

设A的坐标为(x, y)

$$\begin{cases} y = 30x \\ y = 15x + 80 \end{cases} \quad 解得 \quad \begin{cases} x = \dfrac{16}{3} \\ y = 160 \end{cases}$$

$\therefore A$的坐标为$\left(\dfrac{16}{3}, 160\right)$。

A的实际意义：当租车时间为$\dfrac{16}{3}$小时时，租车费用为160元。

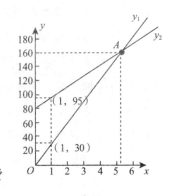

图17

问题：

（1）从数的角度，本题可以转化为求什么？从形的角度呢？

（2）求两条直线交点的坐标可用什么方法？

归纳：

（1）数：求方程组的解；

形：求两条直线交点的坐标。

（2）求两条直线交点的坐标的方法：联立方程组。

可借助数形结合的思想方法解决一次函数与方程（组）的问题。

设计意图：例2的设计，不变化问题背景，可减少学生熟透问题内容的时间，从而提高课堂效率。通过例2引导学生主动思考，让学生初步认识数形结合的思想方法，从数、形两个角度分析问题，可以让学生理解数或形在解决问题中的作用，并能从数的角度来解决一次函数图像交点坐标的问题，感受数形结合的意义。

五、合作探究

活动二：分组讨论，合作交流

例3（自编）结合例1和例2，请你帮助小明计算并判断哪个出游方案比较合算。

解：从形的角度求解

如图18所示：

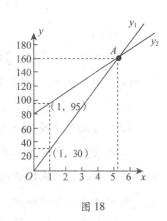

① 当 $0 \leqslant x < \dfrac{16}{3}$ 时，选择甲公司合算；

② 当 $x = \dfrac{16}{3}$ 时，选择甲和乙公司

一样合算；

③ 当 $x > \dfrac{16}{3}$ 时，选择乙公司合算。

图18

问题：

（1）从数的角度，本题可以划归为求什么？从形的角度呢？

归纳：

（2）数：求不等式的解集；

形：比较函数图像的高低。

可借助数形结合的思想方法解决一次函数与方程（组）、不等式的问题。

设计意图：根据学习的经验，一部分学生可能会想到利用不等式来解决该问题，而另一部分学生会选择用数形结合的思想方法，解决本题的关键在于找准突破口。例 3 是在例 1 和例 2 的基础上，激发学生进一步思考，激发学生思维的火花，重点培养数学直观想象的素养。在教学中，对两种解决问题的方法进行比较，让学生挑选出最便捷的解题方法，感受数形结合的思想方法的价值和魅力，从而鼓励学生运用数形结合的思想方法解决类似问题。

六、性质归纳

活动三：分组讨论，合作展示

例 4（自编）已知一次函数 $y = -x + 3$ 的图像如图 19 所示。

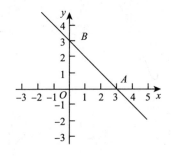

图 19

问题：

（1）函数 $y = -x$ 的图像经过怎样的平移得到函数 $y = -x + 3$ 的图像？

（2）函数 $y = -x$ 的图像经过怎样的平移得到函数 $y = -x - 2$ 的图像？

（3）函数 $y = -x - 2$ 的图像经过怎样的平移得到函数 $y = -x + 3$ 的图像？

（4）该函数有哪些性质？

设计意图：例 4 的设置主要是在学生已经掌握数形结合思想的知识结构上，来研究一次函数图像的性质，逆向地复习探究方式，可以启发学生更深层次和更广视角地回顾已学知识，让一次函数图像的性质可以得到巩固的同时，也让学生对数形结合思想的理解更加透彻。

归纳：

1. 一次函数图像的平移

$$\text{直线 } y = k_1x + b \ (k \neq 0) \begin{cases} \text{向上平移 } a \text{ 个单位长度} \rightarrow \text{直线 } y = k_1x + b \ \underline{\qquad}。 \\ \text{向下平移 } a \text{ 个单位长度} \rightarrow \text{直线 } y = k_1x + b \ \underline{\qquad}。 \end{cases}$$

（1）直线平移口诀：上_____下_____。

（2）平移前后：

数：两直线系数 k 的关系为：_____；

形：两直线的位置关系为：_____。

2. 一次函数与正比例函数的图像与性质

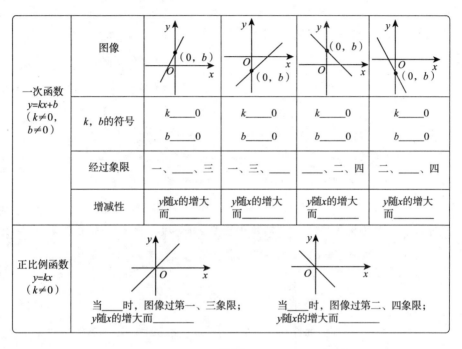

一次函数 $y=kx+b$ （$k\neq0$, $b\neq0$）	图像				
	k, b的符号	k____0 b____0	k____0 b____0	k____0 b____0	k____0 b____0
	经过象限	一、____、三	一、三、____	____、二、四	二、____、四
	增减性	y随x的增大 而	y随x的增大 而	y随x的增大 而	y随x的增大 而
正比例函数 $y=kx$ （$k\neq0$）	当____时，图像过第一、三象限； y随x的增大而_____		当____时，图像过第二、四象限； y随x的增大而_____		

图 20

设计意图：通过归纳，让学生把刚才在探究中获取的零散的知识进行系统的整合归类，进一步理解一次函数平移和性质与一次函数图像的性质，从中体会研究函数图像的方法。

活动四：一题多解，合作探究

例5（自编）已知，点（-1，y_1），（2，y_2）在一次函数 $y=2x-1$ 的图像上，则 y_1_____y_2。（填 "$<$" "$>$" "$=$" "$\leq$" 或 "$\geq$"）

问题：

（1）还有其他的解法吗？小组讨论。

归纳：

解法一：代入法；

解法二：增减性法；

解法三：画图法。

问题：

（2）以上的几种方法，哪种简单？

设计意图：学生可以在已经掌握的知识层面上进行分析讨论，寻找不同解法的突破口和切入点，知识得到应用的同时，也培养了学生发散思维、探索发现的能力。通过小组合作及时纠错、讲解、补充，让学生体会小组合作的必要性，从中培养学生的辩证能力、协作学习的精神和语言表达能力。

七、反馈练习

（一）选择题

1.（自编）将直线 $y=2x+1$ 变成 $y=2x-1$ 经过的变化是（　　　）

A. 向上平移 2 个单位　　　　　B. 向下平移 2 个单位

C. 向右平移 2 个单位　　　　　D. 向左平移 2 个单位

2.（中考题）为增强居民的节水意识，某市自 2017 年实施"阶梯水价"，按照"阶梯水价"的收费标准，居民家庭每年应缴水费 y（元）与用水量 x（立方米）的函数关系的图像如图 21 所示，则提价后每立方米水的价格为（　　　）

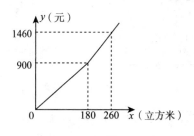

图 21

A. 5 元　　　　　B. 6 元　　　　　C. 7 元　　　　　D. 8 元

3.（中考题）国内航空规定，乘坐飞机经济舱旅客所携带行李的重量 x 与其运费 y（元）之间是一次函数关系，其图像如图 22 所示，那么旅客可携带的免费行李的最大重量为（　　　）

A. 20kg　　　　　B. 25kg　　　　　C. 28kg　　　　　D. 30kg

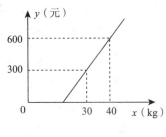

图 22

（二）填空题

1.（自编）直线 $y = -2x + 7$ 与 x 轴的交点坐标是_____，与 y 轴的交点坐标是_____，这条直线与两坐标轴围成的三角形的面积是_____。

2.（自编）请你写出一个一次函数，满足条件：①经过第一、二、四象限；②与 y 轴的交点坐标为 $(0, 2)$。此一次函数的解析式可以是_____。

设计意图：反馈练习的选题是在研究近五年中考试题的基础上，根据教学目标达成的要求，结合本堂复习的核心知识进行设计。

八、课堂小结

让学生通过"相互 PK"的形式来谈谈今天这堂课上复习过的知识及收获。

九、作业布置

A 组：

1.（中考题）弹簧的长度 y（cm）与所挂物体的质量 x（kg）关系如图 23 所示，则弹簧不挂重物时的长度是_____ cm。

2.（中考题）某工厂生产一种产品，当生产数量至少为 10 吨，但不超过 50 吨时，每吨的成本 y（万元/吨）与生产数量 x（吨）的函数关系的图像如图 24 所示。

（1）求 y 关于 x 的函数解析式，并写出 x 的取值范围；

（2）当生产这种产品每吨的成本为 7 万元时，求该产品的生产数量。

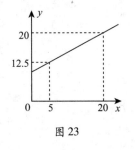

图 23

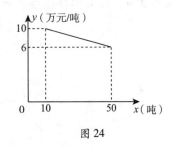

图 24

3. （2017·衡阳中考题）为响应绿色出行号召，越来越多的市民选择租用共享单车出行，已知某共享单车公司为市民提供了手机支付和会员卡支付两种支付方式，如图25所示，描述了两种方式应支付金额 y （元）与骑行时间 x （小时）之间的函数关系，根据图像回答下列问题。

（1）求手机支付金额 y （元）与骑行时间 x （小时）的函数关系式；

（2）李老师经常骑行共享单车，请根据不同的骑行时间帮他确定选择哪种支付方式比较合算。

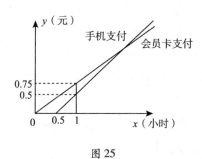

图 25

B 组：

4. （2017·上海中考题）甲、乙两家绿化养护公司各自推出了校园绿化养护服务的收费方案。

甲公司方案：每月的养护费用 y （元）与绿化面积 x （平方米）是一次函数关系，如图26所示。

乙公司方案：绿化面积不超过1000平方米时，每月收取费用5500元；绿化面积超过1000平方米时，每月在收取5500元的基础上，超过部分每平方米收取4元。

（1）求如图26所示的 y 与 x 的函数解析式；

（2）如果某学校目前的绿化面积是1200平方米，试通过计算说明：选择哪家公司的服务，每月的绿化养护费用较少。

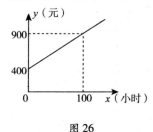

图 26

设计意图：作业的选题是在研究近五年中考试题的基础上，根据教学目标达成的要求，结合本堂复习的核心知识进行设计，从课堂练习及作业中考虑各种关于一次函数的实际问题，让学生用不同的函数图像去理解和应用知识。在课堂练习及作业的选取上，注重联系实际，激发学生学习兴趣，让学生主动用数学知识解决实际问题，让学生多经历通过图像获取信息并解决有关问题的过程，同时渗透分类讨论、数形结合和方程的数学思想方法，让学生形成自我的数学思维和能力，发展学生应用数学的意识，提升学生的数学素养。作业具有一定的梯度，这样可以面向全体学生，让各层次的学生均有所得。

教学建议：

1. 规范解题步骤，提高思维能力，发展核心素养。

2. 注意针对性：针对所要复习内容的特点，设计复习的方式方法。

3. 突出功能性：复习课的功能是查漏补缺、矫正偏差、防止误解；归纳梳理、形成知识网格；概括提高、综合拓展、灵活运用，最终落实到提高学生的数学思维品质和解决问题的能力上。

4. 教师应遵循"循环出现、螺旋上升、不断深化"的认知规律；针对"遗忘"的规律，恰当而适时地安排好复习课。

5. 在复习阶段，有复习课、讲评课、习题课，学生在复习旧知识的过程中容易产生厌烦情绪，所以教师应注意教育的方式和方法，应当让学生越来越喜欢数学，把数学融入他们的生活，使学生能灵活应用数学来思考生活和以数学的方式解决困难与问题。"通过数学教师的教学活动能让学生感受到数学好玩，再通过教师的引领能让学生玩好数学，用好数学。"这应该作为每一位数学教师向往和追求的愿景。要实现这一美好目标，教师要从教学设计研究入手，提高数学复习课教学的有效性，打造优质高效的复习课堂。

（注：本案例的课例发表在《云南教育中学教师》2018 年第 5 期）

二、选编案例评析

上述三个案例，有以下三个特点。

（一）通过教学设计发挥教材优势、改进教材不足

（1）案例 1 和案例 2 都对教材内容进行重新加工或选择，特别是案例 2，

提升了思维深度，开发了新的教学素材。

（2）通过研究，认识教材不同层次的核心内容，并围绕核心内容构思教学，不受教材模块和章节内容的约束，既要有得还要有舍，解决了教材内容偏多、教学时间不足的问题。

（3）教材有界，教学无涯。既要着眼于学科内容的整体要求，又要满足学生的发展需求。

（4）使得教学设计能够对课标和教材进行调整与完善，并在此基础上推动教学的健康发展。

（二）突出核心内容，问题引导教学

（1）分别从学科内容、板块内容和单元内容三个层次出发，把握不同层次的核心内容，并提高对内容本质的认识。

（2）结合教材中的"思考""探究"问题，重新设计围绕核心内容的课堂教学问题。

（3）用问题引导教学，使教学不拘泥于教材的细枝末节，而是围绕核心内容的问题展开，让教学过程变为围绕问题进行思考、讨论和解决的过程。

（4）实践证明，突出核心内容，用问题引导教学，完全可以解决课标教材内容多而教学时间不足的矛盾。

（5）厘清核心内容及其相关知识体系；从问题出发，建立主干和枝节的关系，以此提高对内容的认识，展开教学。

（三）高效课堂让学生获得"四基"，增强"四能"，落实核心素养

新的课程标准中明确提出了让学生获得"四基"（基础知识、基本技能、基本思想、基本活动经验），增强"四能"（发现和提出问题的能力、分析和解决问题的能力）、培养科学态度的总体目标，这是数学教学育人目标的具体体现。

数学教育要紧随全面深化义务教育教学改革，促进义务教育内涵发展和质量提升，根据《中共中央国务院关于深化教育教学改革全面提高义务教育质量的意见》《深化新时代教育评价改革总体方案》的精神，要重视教材，通过教学设计潜心研究教学，聚焦课堂，才能优化教学设计。同时，围绕课程核心内容，全面联系课程设置的其他内容，注重运用数学思想方法全面展开教材教学，发挥教学的育人功能，学生自然会对数学感兴趣，课程目标也将能够较好地实现。

数学核心素养要求数学教学在注重数学基础知识、基本技能的同时，要重视数学思维能力的培养和数学思想方法、数学文化的渗透。教学设计应是师生活动的设计，要紧紧围绕数学核心素养设计教学过程和教学方法，通过数学教学努力把学生培养成为知识丰富、思维敏捷、善于探究、勇于创新、人性善良、情感丰富、品格高尚的人。

总之，对于教学研究，我们肩负使命、追求卓越，始终在路上……